우리는 그리스도의 교회인가?

우리는 그리스도의 교회인가?

초판 발행	2017년 12월 4일
초판 2쇄	2017년 12월 28일
지은이	정주채
발행처	도서출판 생명의 양식
등록번호	서울 제22-1443호(1998년 11월 3일)
주소	06593 서울시 서초구 고무래로 10-5(반포동)
전화	02-533-2182
팩스	02-533-2185
홈페이지	www.edpck.org
디자인	최건호 이성희

ISBN   979-11-6166-016-5 (03230)

책값은 뒷표지에 있습니다.

이 책은 저작권법에 의해 보호를 받는 출판물입니다.
기록된 형태의 출판사의 허락이 없이는 무단 전재와 복제를 금합니다.

교회갱신 목회론

우리는 그리스도의 교회인가?

정주채 지음

목차

추천사 9
머리말 14
여는 간증- 밤중에 본 하나님의 영광 17

제1권 교회갱신을 위한 목회적 반성 27

1. 변질된 한국기독교 29
1) 복음의 변질 29
2) 전도의 변질 30
3) 세례[침례]의 변질 32
4) 직분(leadership)의 변질 33
5) 교회 공동체성의 변질 38
6) 지도자들의 윤리적인 타락 39
7) 목회자의 과잉배출과 질적 저하 40

2. 한국교회 타락의 주범 43
1) 그리스도의 주되심(the Lordship)에 대한 신앙고백의 허구 43
2) 성장주의 44

3. 본질로의 회복 46
1) 복음의 재발견 46
2) 그리스도의 주되심에 대한 신앙고백의 재확인 49
3) 민주적인 교회행정과 투명한 재정관리 49
4) 도덕재무장운동 52
5) 건강한 중소형 교회 세우기 55

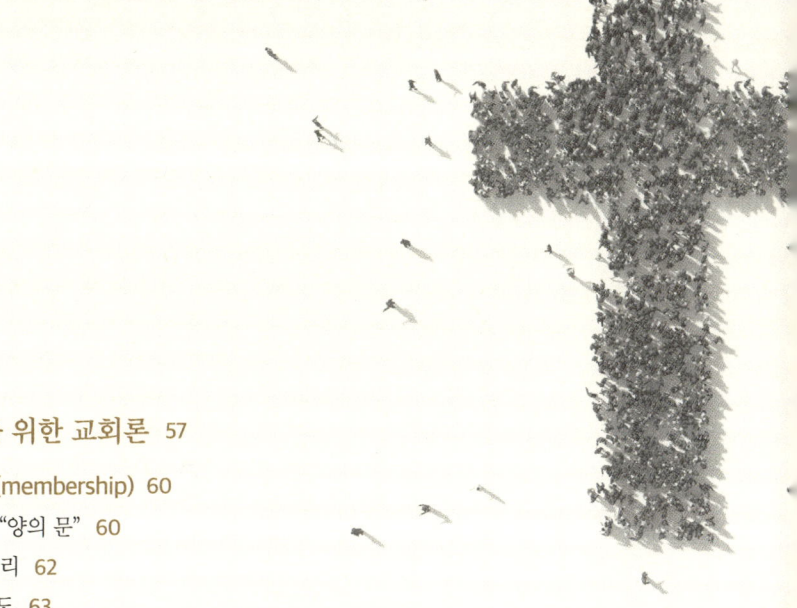

제2권 목회를 위한 교회론 57

1. 교회의 회원(membership) 60
1) 교회의 문 "양의 문" 60
2) 양의 문 관리 62
3) 건강한 성도 63

2. 교회의 직분(leadership) 68
1) 교회 직분의 특성 68
2) 교회 직분의 종류와 사역 79

3. 공동체인 교회(fellowship) 89
1) 신약교회의 원형 91
2) 가정교회의 성경적 기초 92
3) 가정교회의 쇠퇴 99
4) 다시 일어난 가정교회운동 101
5) 가정교회와 셀교회의 차이 103
6) 하나님의 권속으로서의 가정교회 104
7) 가정교회의 5대 원칙 106

4. 교회와 하나님 나라 110
1) 하나님 나라와 그리스도 111
2) 하나님 나라의 통치이념 113
3) 하나님 나라의 보편성 119
4) 영적이고 도덕적인 하나님 나라 121
5) 하나님 나라의 현재성과 미래성 - "이미 그러나 아직" 123
6) 하나님 나라와 교회의 관계 125

우리는 그리스도의 교회인가?

제3권 교회를 위한 목회론 131

1. 목사와 목회 132
    1) 목사는 누구이며 무엇을 하는 사람인가? 132
    2) 목사와 설교 134
    3) 목사와 성령 충만 137
    4) 목회자와 동역자 143
    5) 목사의 소명확인과 청빙 147
    6) 은퇴 목사와 후임 목사의 관계 152

2. 멤버십(membership) 관리 162
    1) 입교준비의 네 가지 과정 162
    2) 예수님 영접모임 173
    3) 전입 교인들의 등록 절차 175

3. 직분자 세우기 179
    1) 장로, 집사의 선택 180
    2) 서리 집사 임명 182

4. 교회 재정 184
   1) 재정과 목사의 유형 184
   2) 재정 관리의 실제 186

5. 교회다운 교회 세우기 195
   1) 가정교회 세우기 195
   2) 목자 세우기 196
   3) 목장 편성 197
   4) 목장모임의 장소와 때 198
   5) 모임의 내용 198
   6) 가정교회(목장)의 언약 200
   7) 가정교회와 장로교 202

6. 교회분립개척 206
   1) 분립개척의 장점 206
   2) 분립개척의 준비과정 207

부록 210

추천사 1

종교개혁 500주년을 기념하는 해의 끝자락에서 정주채 목사님께서 쓰신 '우리는 그리스도의 교회인가?'의 글을 봅니다. 과연 이 주제는 정 목사님만이 쓰실 수 있는 글이라는 생각이 강하게 듭니다. 그만큼 정주채 목사님은 진실하신 분이며, 한국교회의 현장을 보면서 아픈 가슴으로 목회현장이 이대로 되어서는 안 되겠다는 염려와 몸부림을 삶으로, 말씀으로 보여주셨습니다. 이와 같은 사실에 이의를 제기할 사람은 아마 없을 것입니다.

이 책은 우리 한국교회의 현주소가 어디인지 아픈 마음으로 진단하고, 성경이 말하는 교회와 목회가 과연 무엇인지 그 본질을 함축하여 말하고 있습니다. 아마 지은이 본인도 이와 같은 책을 쓰는 것을 몹시 주저했을 것입니다. 그러나 그 주저함 속에서도 글을 썼기에, 종교개혁 500주년 기념이 되는 해에 의미 없는 담론의 세미나와 개혁자들이 살았던 삶의 흔적을 여행하는 것으로 끝나는 시점에서도 모두에게 울리는 고백적인 글이 되었습니다. 주님께서 성경을 통해 교회를 설명하신 것을 마치 아파하면서 병든 몸을 저버리지 않고 다시 소생할 날을 기다리는 환자와 같은 마음으로 우리 앞에 서술해놓고 있습니다. 이 책이 진실한 목회를 원하는 사람들에게, 진실한 목회자의 걸음이 무엇인지 고민하는 사람들에게 좋은 길잡이가 되는 책이 될 것입니다.

하나님께서 세우신 교회를 우리가 가진 것 때문에 욕됨으로 바꾼 한국교회, 그 교회를 우리에게 부탁하신 말씀대로 다시 세우는 진정한 목회의 기원이 되기를 소망해봅니다. 이 책이 많은 사람들에게 말로 다 할 수 없는 축복과 은총이 되는 기록이 될 줄로 믿어 감사하며, 2017년 종교개혁 500주년 기념해의 보고와 전망이라는 한 묶음의 글이 된 것을 하나님께 감사합니다.

부활의 주님께서 한국교회를 다시 살려주시기를, 머리카락 잘린 삼손에게 다시 은총을 베풀어주신 것과 같은 은혜가 있기를 소망하며 이 책을 권합니다.

_ **홍정길**(남서울은혜교회 원로목사)

추천사 2

한국교회 많은 목회자들 가운데 건강한 목회를 하기위하여 몸부림치는 목회자들이 있다는 것이 얼마나 다행스러운 일인지 모릅니다. 몇 년 전에 목회 일선에서 물러났으면서도 한국교회의 갱신을 위해서 쉬지 않고 외치는 정주채 목사님이 계시다는 것이 감사하고 목사님이 이번에 "우리는 그리스도의 교회인가?"(교회갱신 목회론)라는 단행본을 내놓게 되어 방향을 잡지 못하고 방황하는 한국교회에 큰 도움이 될 것이라고 확신합니다.

그 동안 한국교회는 무엇보다도 교회 성장에만 관심을 가지고 무한 질주하므로 엄청난 교회성장을 이루어 세계의 20대 교회들 가운데서 거의 절반에 이를 정도로 큰 성장을 이루었습니다. 그러나 한국교회는 목회자들의 일탈로 부정과 비리를 저지르고 자식들에게 교회를 세습하고 헌금을 불법적으로 착복히기에 이르고 심지어는 섹스 스캔들까지 드러나면서 기독교의 신인도가 세 종교가운데 최하위로 떨어져 회복하기 어려운 지경에 이르고 말았습니다. 선교의 문은 이미 닫혀 버려

"한국교회가 다시 회복될 수 있을까?"라고 한탄할 정도가 되고 말았습니다.

그러나 이때야말로 기사회생해야 할 때입니다. 울부짖어 회개할 때입니다. 말로만 회개하는 것으로는 안 됩니다. 삭개오처럼, 하나님을 속이고 교회를 속이고 세상을 속인 죄를 고백하고 사죄하고 배상하고 우리의 속에 있는 것을 다 토해내야 합니다.

이제 한국교회는 교회성장에서 교회갱신 쪽으로 방향을 선회해야 합니다. 정목사님이 지적했듯 한국교회는 하나님의 복음을 변질시켜 목회사업의 도구로 사용하고 있는 것이 큰 문제입니다. 복음을 개인구원에 머무르도록 하여 복음 안에 있는 하나님의 정의와 사랑을 외면하여 신앙을 교회 안에 붙잡아 두고 한국기독교가 세상 안에서 하나님의 나라를 확장할 수 없는 허약한 종교로 전락시키고 말았습니다. 물론 진보적인 교회에도 문제가 많습니다. 진보적인 교회는 복음에 있어서 속죄와 거듭남에 대한 강조 없이 단지 사회와 역사에 참여하는 일만 강조하여 복음을 변질시킨 것도 매한가지일 것입니다. 2000년 전 예수께서 오셨을 때 유대종교가 변질되어 성서적인 종교가 아니었기 때문에 하나님의 아들 예수까지도 알아보지 못하고 십자가에 못 박아 죽이기까지 하였습니다.

오늘 한국교회는 이제 예수님이 오시기 전 유대종교, 종교개혁 직전의 로만 카토릭교회보다도 어쩌면 더 부패하고 타락했다고 할 수도 있습니다. 종교개혁 500주년을 맞이한 오늘의 교회는 기독교가 이질적인 종교가 되고 있는 현실에 맞서 싸워야 합니다. 동시에 교회를 예수 그리스도의 교회가 되도록 강단에서 복음이 올바르게 선포되고 나아가 교회가 사회와 역사 속에 선한 영향력을 주는 교회가 되기까지 철저한 자기반성과 갱신 그리고 회개가 뒤따라야 합니다.

이러한 때 한국교회 지도자들은 정목사님의 예언자적인 외침에 깨어 귀를 기우릴 수 있기를 바랍니다. 한국교회의 복음주의권과 진보주의권이 놓친 예수 그리스도의 복음에서 속죄와 거듭남을 체험하고 하나님의 사랑과 정의로 세상을 변화시켜 하나님의 사랑과 평화 그리고 정의가 넘치는 세상을 만들어야 하겠습니다.

정주채 목사님은 한국교회에서 모범적인 목회자로써 모범적인 교회를 이루어 교단을 초월해 선후배 목회자들에게 존경을 받는 목회자로써 이 책을 내 놓게 되었으니 한국교회 목회자이면 누구에게나 큰 도움이 될 것입니다. 바라기는 이 책을 통해서 한국교회가 새로운 놀라움에 사로잡히기를 바라마지 않습니다. 감사합니다!!

_ **전병금**(강남교회 원로목사)

머리말

필자가 담임목사로 목회를 시작한 것은 잠실중앙교회였습니다. 3년 동안 부목사로 사역하다가 1985년 5월에 담임목사로 취임하였습니다. 비록 담임목사가 되긴 했지만, 당시 필자는 크게 두 가지 질문을 가지고 있었습니다. 첫째는 "교회가 무엇이냐?"는 것이고 둘째는 "목회가 무엇이냐?"는 것이었습니다. 왜 나름대로 가진 상식적인 지식이야 없었겠습니까만 그런 상식은 부목사 시절 3년 내내 경험해야 했던 교회 내분과 극심한 갈등 가운데서 완전히 깨지고 사라졌습니다.

참으로 기가 막힐 일이었습니다. 담임목사로 목회를 시작하면서 교회가 뭔지도, 목회가 뭔지도 몰랐으니까요. 그 후 필자는 나름대로 열심히 공부했습니다. 목회학 박사과정에 들어가서 강의도 듣고, 독서도 하고, 논문도 쓰고, 그리고 목회현장을 경험하며 배웠습니다. 그렇다고 상당한 어떤 수준에 이른 것은 아니지만, 희미하게나마 성경이 보여주는 교회 상을 볼 수가 있었고 목회에 대해서도 어느 정도의 개념을 잡을 수 있었습니다. 그리고 30여 년 동안 목회 현장에서의 경험을 통해 확인된 지식을 어느 정도 가질 수 있게 되었습니다. 본서는 이런 경험들의 간증입니다.

필자는 목회 초기부터 교회갱신 곧 성경이 계시하고 있는 교회를 찾아 세우자는 것을 목표로 사역해 왔습니다. 교회 내 분쟁으로 무너지고 훼파된 교회를 바라보면서 "주여, 정말 이것이 주님이 세우신 교회입니까?"라며 탄식했던 일이 한두 번이 아니었습니다. 그래도 "주님이 살아계신다면 그가 세우신 교회가 있을 것이니 그 교회를 찾아 세우자"고 다짐했던 일도 다 헤아릴 수가 없습니다. 물론 그런 의도와 노력에도 불구하고 돌아보니 괄목할만한 열매들은 별로 없었습니다. 그렇더라도 필자의 그런 마음과 노력과 경험을 후배목회자들과 함께 나누자는 생각으로 이 책을 썼습니다.

이 책은 크게 세 부분으로 되어 있습니다. 제1권은 잘못된 목회를 반성하는 내용이고, 제2권은 목회를 위한 교회론 즉 이론적이고 신학적인 교회론이 아닌 목회와 직결된 교회론을 살펴보았으며, 제3권은 건강한 교회를 세우려는 실천적인 목회에 대해 쓴 내용입니다. 그리고 이 책은 중소형 교회의 목회자들을 염두에 두고 썼습니다. 그런데 원고를 쓰고 보니 중첩된 내용들이 많음을 알게 되었습니다. 각 권에서 같은 주제를 다룬 경우가 많기 때문입니다. 강조한 것으로 이해해 주시면 감사하겠습니다.

필자가 목회하는 동안 신조로 삼고 교회에서 표어처럼 되뇌던 말이 있었습니다. "우리는 건강한 중소형 교회를 지향한다"라는 표어입니다. "위대한" 대형교회보다 "건강한" 중소형 교회가 많아야 합니다. 그동안 필자는 중소형 교회의 목회자들과 교제하며 종종 목회 상담도 하였는데, 이 책도 그분들과 교제하고 상담하는 마음으로 썼습니다. 그리고 가능한 실제로, 간증하듯 소박하게 쓰려고 노력하였습니다. 그리고 주제들을 다루면서 예화나 사례들을 넣어 목회 현장을 좀 더 생생하게 느낄 수 있게 해보려고 노력했습니다. 아무쪼록 이 책이 "교회를 교회답게, 목회를 목회답게" 갱신하는 일에 조금이라도 도움이 될 수 있다면 좋겠습니다.

본서를 출판하는 데 도움을 주신 여러 분들께 감사드립니다. 종교개혁 500주년을 기념해서 본서를 출판하고 싶었는데 다행히 해를 넘기지 않고 출판할 수 있어서 기쁩니다. 김성수 목사님과 최건호 간사님께 감사드립니다. 추천사를 써주신 홍정길 목사님, 전병금 목사님과 고려신학대학원 신원하 원장님, 그리고 김순성 교수님, 모든 분들께 감사드립니다. 졸저에 귀한 추천사를 써주셔서 황송한 마음입니다.

그 어둡고 두려웠던 시절, 좁은 길을 떨며 걸어야 했던 나의 목회여정에 함께 하시고 은혜를 베풀어주신 하나님께 눈물로 감사드립니다.

2017년 12월
작은 종 정주채

여는 간증
밤중에 본 하나님의 영광

필자는 신자들이 신앙생활에서 성경을 진리의 말씀으로 알고, 믿고, 그 은혜를 맛보는 정도에 머물러서는 안 된다고 자주 설교해 왔습니다. 말씀을 순종함으로써 그 말씀이 진리임을 삶 속에서 경험해야 한다고 강조했습니다. 자신이 경험한 말씀, 자신의 삶 가운데서 진리의 말씀임이 경험으로 입증된 말씀, 간증이 붙어있는 말씀들이 있어야 한다고 가르쳤습니다. 경험된 말씀이 있어야 바람이 불고 눈보라가 몰아치는 시련이 와도 흔들리지 않는 믿음 위에 굳게 설 수 있기 때문입니다.

말씀의 사역자인 목회자에게는 더욱 그렇습니다. 말씀을 많이 묵상하고 이해하고 은혜를 받는 정도가 아니라 그 말씀에 자신의 삶을 싣고 운명을 걸어 삶의 현장에서 그 말씀이 진리임을 경험해야 한다는 것입니다. 그래야 큰 확신과 능력으로 설교할 수 있습니다. 물론 모든 말씀을 다 경험할 수는 없지요. 필자의 경험상 두세 구절이 말씀들만 경험해도 쉽게 무너지지 않는 믿음을 가질 수 있다는 것을 알 수 있었습니다.

필자가 목사가 된 후 몇 년간은 너무나 힘든 시련의 기간이었습니다. 그러나 지나고 보니 그때가 정말 은혜의 때요 구원의 날이었습니다. 그때 필자는 몇몇 성경 구절들을 하나님의 말씀으로 경험할 수가 있었기 때문입니다. 그동안 하나님의 말씀이라고 믿고 있었던 말씀을 삶의 현장에서 경험함으로써 필자는 삶 속에서 입증된 진리의 말씀을 소유할 수가 있었습니다. 당시에 경험했던 대표적인 말씀들은 로마서 12:1-2; 요한복음 8:29; 창세기 28:10-22입니다.

앞의 두 구절은 붓글씨를 잘 쓰는 분에게 부탁하여 액자로 만들어 목회하는 동안 목양실 벽에 붙여놓고 문득문득 기억하며 사역했습니다. 그러다가 은퇴할 때는 떼어다가 지금은 안방에 붙여놓았습니다. 그리고 이 두 구절에 대해서는 필자의 졸저『선한 목자에의 꿈』에 간증이 나와 있습니다. 그래서 여기서는 창세기 28장의 말씀을 경험하게 된 경위와 내용을 간증하는 것으로 책을 열고자 합니다.

향상교회는 2000년 10월에 잠실중앙교회가 분립 개척한 교회입니다. 나는 교회가 분립개척 안을 결정한 지 약 10년 만에 용인시 신갈 가까운 곳에다 잠실중앙교회에서 파송한 250여 명의 교인들과 함께 향상교회를 설립하였습니다.

새 교회가 첫 예배를 드리기 2, 3개월 전에 교회의 이름을 공모하였고 나도 여기에 응모하였습니다. "향상"이란 이름으로 말입니다. '담임목사님이 낸 이름이니 바로 채택되었군요.' 이렇게 생각하시겠지만 전혀 아닙니다. 내가 응모한 이 이름은 아예 예선에서 탈락했습니다. 섭섭했던 나는 교회분립준비위원장 장로님에게 넌즈시 항의했습니다. 그랬더니 "목사님도 제대로 발음을 못 하는 그 어려운 이름을…"이라고 대답했습니다. 발음하기 어려운 이름이어서 뺐다는 것입니다. 경상도 사람들은 "ㅕ, ㅑ" 발음을 제대로 하지 못합니다. 지금도 경상도 출신의 우리 권사님들은 "향상"과 "항상"의 발음을 제대로 구별해서 하지 못합니다. "하나님 아버지, 우리 항상교회를 항상 살펴주시고…"라며 기도합니다.

아쉬웠지만 어쩔 수 없었습니다. 그런데 얼마 후 장로님이 교회 이름이 서너 개 적힌 메모지를 나에게 주면서 "목사님이 알아서 정하세요"라고 하였습니다. 알고 보니 교인들이 응모한 이름들을 서너 개로 압축해서 최종적으로 위원들이 투표했는데 표가 3표 혹은 4표로 갈라지는 바람에 결정하지 못했다고 했습니다. 그래서 이를 담임목사인 나에게 맡기기로 했다는 것입니다. 장로님이 교회 이름들이 적힌 메모지를 주면서 "알아서 정하라"고 하였으므로 그 말 속에는 아무거나 내가 알아서 정해도 된다는 뜻이 있는 것 같았고, 또 나에게도 "향상"으로 정하고 싶은 마음이 컸으므로 나는 장로님의 말을 가감하지 않고 그 말 그대로 내가 알아서 정했습니다. 이것도 미리 알리면 말이 많을 것 같아서 가만히 있다가 주보에다 전격적으로 발표해 버렸습니다.

그랬더니 이번에는 장로님이 나에게 항의를 했습니다. "제가 분명히 교회 이름들을 적은 메모지를 드리면서 그중에서 알아서 정하시라고 했는데 왜 엉뚱한 이름으로 정했습니까?" 나는 "저는 어떤 이름이든 제가 알아서 정하면 되는 줄 알고…"라며 어물어물 대답하고 웃어버렸습니다. 그런데 내가 이 이름으로 꼭 정하고 싶었던 사연이 있습니다.

나의 목회 초기는 밤중과 같이 어둡고 두렵고 힘들었을 때였습니다. 나는 1982년도에 잠실중앙교회의 부목사로 부름을 받고 갔습니다. 부목사 3년 동안 내가 경험한 것은 교인들의 갈등과 다툼이었습니다. 교회당 건축과정에서 일어난 당회원들의 갈등이 일 년 후에는 교인들 전체로 퍼져나갔고 3년째는 물리적인 충돌로까지 악화하였습니다. 나도 담임목사 편으로 분류되어 반대쪽 교인들에게 종종 폭력적인 대우를 받기도 했습니다.

그런데 어쩌다가, 참으로 어쩌다가 이런 교회에 내가 담임목사가 되었습니다. 나를 담임목사로 청빙하자는 소수 교인들의 끈질긴 요청 때문에 그것을 무마시키려고 공동의회를 갖기로 하였는데 그것이 의도와는 달리 엉뚱한 결과를 가져왔던 것입니다. 나는 그 교회를 떠나기 위해 공동의회를 해보자는 제안을 수락했고, 노회와 또 나를 반대하는 교인들은 나를 떠나보내기 위해 공동의회의 개최에 동의하였습니다. 부결될 것은 100% 이상 확실하였기 때문이었지요. 그러나 참으로 이상하게도 찬성이 2/3를 넘어 청빙이 가결되었습니다. 나는 청빙이 가결되었다는 말을 듣고 기가 막혀서 울었습니다. '이런 교회를 내가 어떻게 감당하라고…?'

그 후 내가 겪은 어려움은 말로 다 헤아릴 수가 없습니다. 우선 두려웠습니다. 당시 내게는 교인들이 사랑의 대상이 아니라 두려움의 대상이었습니다. 누구하고라도 마주 대하면 그냥 무서웠습니다. 싸우는 모습들을 많이 보았기 때문입니다. 그리고 너무나 고독하고 쓸쓸했습니다. 무슨 일을 의논하거나 하소연할 수 있는 대상이 아무도 없었습니다.

여전히 편이 갈라져 있었기 때문에 어느 쪽 교인도 개인적으로는 만날 수가 없었던 것입니다.

설교는 부목사로 3년을 지나는 동안에 이미 바닥이 드러났고, 신장이 나빴던 나는 건강도 바닥을 치고 있었습니다. 그때 내 나이 37 세였고 교회법도 모르고, 사람들을 설득할 수 있는 능력도 없었으며, 목회 경험도 전혀 없었습니다. 내가 할 수 있었던 건 하나님 앞에 앉아서 우는 일밖에 없었습니다. 새벽기도 시간이면 요한복음 8:29의 말씀을 반복 암송하며 그냥 울다가 일어날 때가 많았습니다.

그러던 어느 날 Q.T.에서 창세기 28장의 말씀을 묵상하다가 뜻밖에 큰 은혜를 받았습니다. 그 날 아침에 나에게는 참으로 벅찬 감격과 감사가 찾아왔습니다. 큰 위로와 격려를 받고 희망을 얻었습니다.

본문 내용은 야곱이 도망하던 때의 이야기입니다. 야곱이 분노한 형 에서의 낯을 피해 외갓집으로 도망하던 첫날이었습니다. 외갓집이 2-30리 떨어진 곳이 아닙니다. 브엘세바에서 500km나 떨어진 하란이었습니다. 야곱은 혹 형이 알고 자기를 쫓아올까 봐 연신 뒤를 돌아보며 두려운 마음으로 도망했을 것입니다. 일단 한 걸음이라도 더 멀리 가려고 숨을 헐떡거리며 뛰다가 걷다가 했을 것입니다.

드디어 해가 저물었습니다. 잠을 자야 했지만 안심하고 몸을 누일만한 데가 어디 있었겠습니까? 그는 길쭉한 돌을 하나 찾아 베고 그냥 땅바닥에 누울 수밖에 없었습니다 얼마나 두려웠을까요? 얼마나 외롭고 쓸쓸했을까요? 그때는 맹수도 많았을 것입니다. 광야에는 독사들도 많고 아무 소리 없이 다가오는 전갈들도 있었습니다. 한순간에 목숨을 잃을 수도 있습니다. 형 에서와는 달리 야곱은 마마보이 같은 청년이었습니다. 아마 그는 밤이 늦도록 두려워 떨며 울다가 잠이 들었을 것입니다. '하나님 나와 함께 해주십시오. 나를 지켜주십시오. 살려 주십시오.' 울며불며 부르짖다가 잠이 들었는지도 모릅니다.

그런데 꿈에 환상을 보게 되었습니다. 하나님께서 영광 중에 나타나신 것입니다. 사닥다리가 놓이고 천사들이 그 위에 오르락내리락 하며 하나님의 영광이 나타나고 음성이 들렸습니다. "나는 여호와니 너의 조부 아브라함의 하나님이요 이삭의 하나님이라 네가 누워 있는 땅을 내가 너와 네 자손에게 주리니… 내가 너와 함께 있어 네가 어디로 가든지 내가 너와 함께 있어 어디로 가든지 너를 지키며 너를 이끌어 이 땅으로 돌아오게 할지라 내가 네게 허락한 것을 다 이루기까지 너를 떠나지 아니하리라"(창 28:13-15)

야곱이 얼마나 놀랐을까요? 얼마나 좋았을까요? 얼마나 감격했을까요! 그는 하나님께 제단을 쌓아야겠는데 갑자기 어떻게 해야 할지 몰라 베고 자던 돌을 세우고 그 위에 기름을 부었습니다. 그리고 서원하였습니다. "하나님이 나와 함께 계셔서 내가 가는 이 길에서 나를 지키시고 먹을 떡과 입을 옷을 주시어 내가 평안히 아버지 집으로 돌아가게 하시오면 여호와께서 나의 하나님이 되실 것이요 내가 기둥으로 세운 이 돌이 하나님의 집이 될 것이요 하나님께서 내게 주신 모든 것에서 십 분의 일을 내가 반드시 하나님께 드리겠나이다"(창 28:20-22)

동병상련이랄까요? 그 날 아침에 나는 야곱과 완전히 하나가 되었습니다. 얼마나 좋았는지 모릅니다. 얼마나 감격했는지 모릅니다. 얼마나 격려를 받았는지 모릅니다. '그렇다. 내가 비록 이 쓸쓸하고 척박한 땅에 발을 붙이고 살고 있지만 나는 이 땅에 속한 사람이 아니다. 나는 저 높은 곳, 하나님 아버지가 계신 곳, 저 영광의 나라에 속한 사람이다. 하나님이 나와 함께 하신다. 언젠가 나도 저 높은 곳에 우뚝 서게 될 것이다.' 그때부터 나는 찬송가 "저 높은 곳을 향하여"를 좋아하게 되었습니다.

그리고 언젠가 잠실중앙교회 중창단이 이 찬송을 김형기 씨가 편곡한 곡으로 불렀는데 나는 새로운 감동을 받았습니다. 그 후 나는 이 찬송을 들을 때마다 그 날 아침이 생각나서 울먹였습니다. 향상교회가 설립 예배를 드리던 날 나는 음대 교수인 김OO 집사님에게 이 찬송을 특송으로 해달라고 부탁했습니다. 그 날도 찬송을 들으면서 15년 전의 그 아침이 생생하게 떠올라 많이 울었습니다. 그리고 은퇴식 때도 이 찬송 때문에 많이 울었습니다. 이 찬송의 앞부분의 가사는 다음과 같습니다.

> 저 높은 곳을 향하여 날마다 나아갑니다
> 내 뜻과 정성 모두어 주께로 나아갑니다
> 폭풍우가 몰아쳐 와도 괴로움 내게 닥쳐와도
> 저 높은 곳 저 높은 곳 가오리다
> 내 주여 나를 인도해 나의 주여 내가 가리이다

나는 2013년 11월 3일에 은퇴했습니다. 은퇴식과 후임자 위임식을 같이 했는데, 나는 찬양대에 이 곡으로 찬양을 해달라고 부탁했습니다.

나는 전주가 나오는 순간부터 울음이 터져서 찬양이 끝나는 시간도 모르고 울었습니다. 수없이 감사하며 울었습니다.

"하나님, 감사합니다. 그 어려웠던 시절, 한없이 두렵고 쓸쓸했던 그 날들, 밤중과도 같이 암담했던 그때 하나님은 저에게 큰 위로와 격려와 희망을 주셨습니다. 그로부터 벌써 30년 여년의 세월이 흘러 이제 드디어 저가 은퇴를 하게 되는군요. 몸도 마음도 심히 약하여 몇 번이나 위기를 넘겨야 했던 저였습니다만 그때마다 저를 혼자 두지 않으시고 함께 하시며 붙들어주셔서 여기까지 이르게 해 주셨습니다. 이제 몇 계단만 더 올라가면 영광스런 아버지 집에 이르게 될 것입니다."

이렇게 우느라 그땐 몰랐는데 나중에 들으니 찬양 대원들도, 회중들도 많이들 울었다고 했습니다. 다행히 그날 찬양대원들이 많아서 찬양은 중단되지 않았지만 말입니다.

목회는 하늘에 보물을 쌓는 일이라고 생각합니다. 우리는 땅의 것을 추구하지 않습니다. 목회는 하나님 나라와 그의 의를 구하는 일입니다. 생명을 구하고 생명의 풍성함을 추구하는 사역입니다. 그것을 위해 우리의 지식, 건강, 능력, 열정, 재물을 쌓고 투자하는 사역입니다. 예수님은 "내가 온 것은 양으로 생명을 얻게 하고 더욱 풍성히 얻게 하려는 것이라"(요 10:10)고 하였습니다. 우리 목회자들의 사역목표가 바로 이것입니다. 우리의 인생 목적도 마찬가지입니다.

필자는 그 어떤 카리스마도 없는 사람입니다. 건강, 지식, 재능, 열정… 등, 너무나 부족하고 연약한 사람입니다. 목회를 시작할 당시 필자에겐 "하나님의 선하시고 기뻐하시고 온전하신 뜻이 무엇인지 그것을 찾고 거기에 충성하겠습니다"라는 작은 결심 하나만 있었습니다. 그런데 지나고 보니 사실 결심만 있었지 그렇게 살지도 못했고, 사역도 그 말씀대로 온전히 하지 못했습니다. 그러나 하나님은 그 작은 결심 하나만 보시고도 필자를 어여삐 여겨주셨던 것 같습니다. "저 높은 곳을 향하여" 이 찬송을 가슴 사무치게 부르며 울던 필자를 혼자 두지 않으시고 함께 해주셨습니다.

필자는 간증을 "His story, 그 남자의 이야기"라 부릅니다. 남자 중의 남자가 누구입니까? 예수님 아닙니까. 그 주님을 만나 살아온 이야기, 내 삶 속에 쓰인 그분의 이야기가 바로 간증 아니겠습니까. 필자는 학문이 일천한 사람입니다. 그러기에 『선한 목자에의 꿈』에서도 또 이 책에서도 이론을 전개하기보다 간증하려고 노력했습니다. 필자와 동행해주셨던 주님의 이야기를 쓰고 싶었습니다. 공감되고 은혜가 되었으면 좋겠습니다. 하나님 아버지, 감사합니다.

제1권

교회 갱신을 위한
목회적 반성

오늘날 한국교회는 심각한 상황에 있다. 단순히 교회가 수적으로 쇠퇴하고 있기 때문만은 아니다. 교회가 교회다움을 잃어가고 있기 때문이다. 어떤 이는 한국교회를 향하여 "역사적으로 교회가 이렇게까지 타락한 적이 없었다"라고 개탄하였다. 이 책임은 전적으로 우리 목회자들에게 있다.

예수님 당시 이스라엘 종교는 성경적 종교가 아닌 다른 종교가 돼버렸었다. 그들은 그들이 믿고 기다리던 메시아가 나타났을 때 그를 거짓 메시아라고 생각하고 십자가에 못 박아 죽였다. 그러니 다른 종교가 되었다는 정도를 넘어 메시아 종교를 대적하는 사탄의 종교가 돼 있었던 것이다. 중세기의 타락한 천주교 역시 기독교가 아닌 다른 종교가 돼버렸던 것이 아니었던가 라는 생각이 들 정도였다. 오늘날 한국교회에 대해서도 역시 같은 생각이 들 때가 있다.

물론 아합왕 시대에 바알에게 무릎을 꿇지 않은 자 7천 명이 남아 있었던 것 같이, 한국교회에도 여전히 신실한 목회자들이 많고 그리스도의 신부로 단장한 교회들이 있어 희망을 주고 있지만, 세상에 드러나고 있는 한국교회는 과연 정상적인 기독교로 돌이킬 수 있을까 하는 의문이 들 정도다. 그만큼 심각한 상황에 놓여있다는 사실만은 그 누구도 부정하기 어렵다. 한국교회에는 본질이 변질되고 왜곡되어 있으며 비정상적인 것들이 정상적인 것들을 구축(驅逐)하고 있는 상황이다.

우리는 이런 상황들을 반성하면서 동시에 어떻게 하면 변질된 한국기독교를 본질로 돌이키며 개혁할 수 있을지? 깊은 성찰이 필요하다.

1. 변질된 한국기독교

1) 복음의 변질

　기독교의 핵심적인 메시지는 복음이다. 복음은 기독교가 가진 영원한 보화요 자랑이다. 그런데 이 복음이 심각하게 변질되고 있다. 먼저 소위 "복음주의자들"에 의해 변질되고 있다. 목회자들이 존귀한 복음을 아주 천박하게 만들고 있다. 그들은 복음을 누구나 손들고 일어나면 받을 수 있는 천국행 공짜 표처럼 만들고 있다. 많은 목회자들이 복음을 장사하듯 설교하며, 실제로 복음을 목회 사업(business)의 도구로 사용하고 있다.

　때로 교리 주의에 빠진 보수주의 신학자들도 여기에 한몫을 하고 있다. 역동적인 생명력을 가진 복음을 교리라는 틀 속에 가두어 변론과 비판과 정죄의 도구로 만들고 있다. 거기다 복음을 개인주의화하여 신자들이 하나님 나라에 대해 무맹이 되도록 만들고 있다. 즉 설교자들이 복음 안에 있는 하나님 나라의 의와 사랑에 대한 안목이 없으므로 개인 구원만 강조하여 신자들이 구원이란 죽어서 천당 가는 것 정도로 생각하도록 만들고 말았다.

또한, 복음은 자유주의자들에 의해 훼손되고 있다. 그들은 복음을 휴머니즘으로 축소하거나 왜곡시키고 있다. 곧 복음이란 진정한 인간화를 위한 종교적인 메시지이고, 구원이란 속죄나 거듭남이 아니라 제도나 조직이나 정치 경제 등 모든 사회적 억압으로부터의 해방이며, 십자가의 능력은 억압에 맞서서 인간을 해방하는 힘이고, 사회정의를 위한 희생과 헌신의 도덕적 모델 정도로 여기고 있는 사람들도 많다.

그리고 보수주의자들이나 자유주의자들이나 이렇게 왜곡되고 치우친 신앙으로 서로를 비판하고 정죄함으로써 기독교 안에서 기독교를 훼파하는 일이 계속되고 있다.

2) 전도의 변질

전도는 복음을 전하여 영혼을 구원하는 거룩한 사역이다. 곧 영혼을 구원하여 그리스도의 제자로 양육하고 나아가 세상을 복음으로 변화시켜 하나님 나라를 임하게 하는 사역이다. 이것은 신자들 각자에게 주어진 사역일 뿐 아니라 교회의 존재 목적이다. 그러나 한국교회는 언제부터인가 목회가 일종의 비즈니스로 변질되고 있으며 전도는 장사꾼들의 판촉행위처럼 되었다. 따라서 목사들의 전도 설교는 "호객행위"처럼 여겨지고 있다.

지금은 교회 안팎에서 이런 비판적 인식이 보편화하고 있는데, 이유는 교회지도자들이 오랫동안 복음 전도를 영혼 구원하여 제자 삼는다는 본질적인 목적을 위해서라는 것이 아니라 그것을 양적 성장의 수단으로 삼아왔기 때문이다. 그리고 전도는 하나님 나라를 세우는 사역인데 대부분 구령(救靈)의 차원에 머무르고 있다.

예화 필자의 가족은 교회를 분립 개척하면서 2000년도에 잠실에서 용인으로 이사를 했습니다. 그땐 용인시 이곳저곳에 새로운 아파트 마을들이 생겨서 입주하는 세대들이 많았습니다. 개척교회들도 많아서 동네 이곳저곳에 부스를 만들고 이사하는 사람들에게 커피를 대접하는 교회들도 있었고, 아파트 현관문에다 교회를 알리는 광고전단들을 많이 갖다 붙여 쓰레기처럼 날아다니기도 했습니다. 우리 집과 마주한 1004호 집은 젊은 사람들이었는데 특별한 종교가 없었습니다. 우리 가족들과 금세 친해졌는데, 필자가 목사라는 것을 안 후에는 기독교에 대해 가끔 관심을 나타내기도 하였습니다.

그런데 하루는 그 집의 젊은 엄마가 어느 교회의 광고 전단이 붙은 작은 엿 상자 하나를 들고 와서 "목사님, 우린 교회도 안 나가는데 이거 먹어도 되는 거예요?"라고 물었습니다. "그냥 드세요. 교회 다니고 안 다니고는 상관없어요. 아마 그 교회에서 현관문에다 전도지만 붙이고 가기가 미안해서 두고 간 것 같으니 그냥 잡수세요." 그런 후 몇 일이 지났을까. 이번에는 계란꾸러미 하나를 들고 우리 집 문을 두드렸습니다. "목사님, 이번에는 지난번과 다른 교회서 계란을 두고 갔는데요, 그냥 먹으려니 좀 찝찝해요. 우린 아직 교회 나갈 마음이 없거든요." 역시 필자는 "그냥 주는 것이니 잡수세요. 꼭 교회에 나오라고 주는 건 아닐 거예요"라고 말했습니다. 그녀는 몸을 돌려 나가며 날 들으라는 듯 제법 큰 소리로 중얼거렸다. "동네 집집마다 다 나누어주려면 엄청 돈이 많이 들 것인데… 이렇게 해도 남는 게 있는 모양이지요?" 필자는 얼굴이 화끈거렸습니다.

3) 세례[침례]의 변질

교회는 전통적으로 세례를 통하여 멤버십을 확인하고 선언하였다. 그런데 한국교회는 교인 됨을 확인하고 선포하는 세례의 거룩함이 현저히 변질되고 타락했다. 세례에서 가장 중요한 내용은 세례 받는 사람이 자신의 죄를 회개하고 예수 그리스도의 속량을 믿음으로 죄 사함 받고 거듭나서 하나님의 자녀가 되었다는 것을 공적으로 확인하고 선포하는 거룩한 예식이다. 그러나 오늘날 한국교회에서는 이 거룩한 예식이 너무나 피상적으로 이루어지고 있다. 앞에서 언급한 대로 복음이 변질되고 왜곡되다 보니 회개와 신앙고백도 아주 형식적으로 이루어지고 있으므로 세례까지도 영적인 내용이 없는 지극히 형식적인 입교의식이 되고 말았다.

교회의 문은 그리스도다. 그리스도가 친히 "나는 양의 문이라"(요 10:7b)고 하셨다. 곧 교회에 들어오려면 그리스도에 대한 믿음과 신앙고백이 분명해야 한다. 그리스도가 누구이신지? 그리스도가 자신을 구원하시기 위해 어떤 일을 하셨는지? 그리스도를 믿음으로 말미암아 받아 누리는 은혜가 무엇인지? 이것들을 알고 믿어야 한다. 그리고 이 믿음은 공적으로 확인되어야 한다. 그런데 이런 고백도 확인도 없이 세례가 시행되고 있다.

이리하여 결국 신자와 불신자의 구별이 없어지고 나아가 교회와 세상의 구별도 점차 없어지게 되었다. 믿는 자와 불신자, 교회와 세상이 구별되지 않는 것만큼 무서운 타락은 없다.

4) 직분(leadership)의 변질

교회 리더십의 타락이 교회의 타락을 이끌고 있다. 한국교회에는 직분에 대한 세속주의의 오염이 그 도를 넘은 지가 이미 오래되었다. 그 본질적 특성인 섬김은 사라지고 교회 직분이 명예가 되고 권세가 된 지 오래다. 그래서 교회에서 어떤 직분이나 직책을 얻기 위해 온갖 악한 일들을 서슴지 않고 감행하고 있는 것이 오늘의 현실이다. 이 일에 목회자들이 앞장서 있다. 이런 현상들을 보면 과연 "이게 교회인가?"라는 생각이 들 때가 있다.

(1) 교회에서 그리스도의 직원 임명권이 찬탈당하고 있다

교회의 머리이신 그리스도는 교회를 다스리시되 직원들을 세우고 그들을 통하여 일하신다. "그가 어떤 사람은 사도로, 어떤 사람은 선지자로, 어떤 사람은 복음 전하는 자로, 어떤 사람은 목사와 교사로 삼으셨으니"(엡 4:11)라고 하였다. 그는 내적, 외적 부르심 즉 이중적 부르심으로 교회의 직원들을 세우신다. 내적 부르심은 각자가 말씀과 성령의 인도함을 받는 가운데서 이루어지며 외적 부르심은 교회를 통하여 확인된다.

　그러므로 회중이 투표로 직원을 선택하든, 교회로부터 위임을 받은 회의에서 선임하든 직원을 세우시는 분은 교회의 주이신 그리스도라는 것이 교회 직분론의 요체다. 그리고 이 믿음은 선택을 하는 자들이나 선택을 받는 자들이 동시에 가져야 할 믿음이다.

　그러나 오늘날 한국교회는 그리스도의 주되심에 대한 신앙이 심각하게 약화되고 있다. 한편으로는 목회자들이 "왕권신수설"이라도 믿는 듯 "성직자"로서 절대권을 행사함으로써 그리스도의 주권을 찬탈하고 있다. 전직 대통령이 몇몇 사람들과 함께 벌였던 국정 농단은 한국교회의 목사 장로들이 하나님 나라에서 벌이고 있는 국정 농단에 비하면 작은 일이라고 할 수 있을 정도다.

　다른 한편에서는 신자들이 주권재민사상의 영향을 받아 교회의 주인은 교인들이고 모든 권력은 교인에게서 나온다는 인본주의 신앙으로 그리스도의 주권을 침해하거나 무시하고 있다. 교회 밖에서의 민주주의는 공동체의 구성원들이 주인이 되는 사상이며, 투표는 구성원들의 여론을 모으는 방법이다. 그러나 교회 안에서의 민주주의는 그리스도의 주권을 존중하고 그의 뜻을 찾는 방법으로서의 민주주의다. 주의 뜻을 찾고 분별하려 할 때 한두 사람이 하는 것보다 다수의 사람이 하는 것이 훨씬 더 안전하고, 그 뜻을 실행하고 실천하는 일에도 훨씬 더 효과적이기 때문이다.

　따라서 교회에서 사람을 세울 때나 어떤 일을 결정할 때 민주적인 방법으로 하되 참여하는 모든 신자는 교회의 주이신 그리스도의 주권에 대한 경외심을 가져야한다. 그리스도의 주되심에 대한 경외심 없는 민주주의는 교회의 세속화와 인본주의의 통로가 될 수 있다. 오늘날 한국교회에서 일어나고 있는 상황을 보라. 특히 직분자들을 선택하고 세우는 일들에서 그리스도의 주권에 대한 심각한 도전과 반역이 일어나고 있다.

교회 안에서 공공연히 선거운동이 벌어지고, 때로는 일반 정치권에서 일어나는 부정선거보다 훨씬 더 타락한 선거운동이 벌어지기도 한다. 심지어 돈을 뿌리며 선거운동을 하면서 그리고 이미 선택할 자를 내정해놓은 상태에서 기도할 때는 "하나님의 마음에 합한 자를 뽑아달라"고 기도하니 이는 바로 주님의 면전에서 주님을 능멸하는 너무나 뻔뻔하고 무엄한 행위가 아닌가? 그래서 하나님이 선지자 호세아를 통해 하신 말씀과 같이 되고 있다. "그들이 왕들을 세웠으나 내게서 난 것이 아니며 그들이 지도자들을 세웠으나 내가 모르는 바이며…"(호 8:4a)

예화 필자가 지방 도시의 어느 교회에 집회 강사로 갔을 때의 일입니다. 오전 집회 후 점심을 먹으러 갔는데 목사 장로들이 열댓 명이나 동행하였습니다. 필자는 '역시 지방은 아직도 옛날 전통이 남아 있구나. 이웃 교회가 집회 한다고 주위에 있는 교회 교인들이 많이 참석했구나'라고 생각했습니다. 그런데 식사가 끝나자 집회 중인 교회의 담임목사님이 나에게 양해를 구했습니다. "목사님, 벽에 몸을 기대시고 잠깐만 쉬시며 기다려주시지요. 사실은 오늘 시찰회로 잠깐 모였는데요, 빨리 끝내고 숙소로 모셔다드리겠습니다." "아 그래요. 천천히 하십시오. 나는 여기서 쉴게요." 그리고 눈을 지그시 감고 벽에 기대여 앉았습니다.

목사님들이 하는 이야기가 두런두런 들렸습니다. 그런데 얼마 지나지 않아 누군가가 나의 머리에 찬물을 끼얹는 것 같은 강한 충격을 받았습니다. 온몸에 소름이 쫙 끼쳤습니다. 그들이 둘러앉아서 하는 이야기들이 내 귀에 들린 것입니다. 나누는 이야기의 내용은 이랬습니다.

교인이 100명도 채 안 되는 어느 교회에서 장로선택을 위한 공동의회가 있었습니다. 그 교회는 담임목사와 시무 장로 1명이 있었는데 장로 2명을 더 세우기 위해서 투표를 하였으나 한 명도 선택되지 않았다고 합니다. 그런데 투표수의 2/3에서 2표가 모자라 선택이 안 된 집사가 있었는데 그가 여기에 불만을 품고 몇몇 교인들의 동조를 받아 폭력을 휘두르며 예배를 방해하였다는 것입니다. 그 집사는 모자라는 두 표가 바로 담임목사와 장로가 안 찍어서 나온 결과라며, 예배와 기도 인도를 위해 강단에 올라간 목사와 장로를 끌어내리고 이를 말리는 교인들과 싸웠다는 것입니다.

그런 교인들도 과연 교인이며 믿음의 사람이라고 할 수 있을까요? 서울 시내에 있는 어느 교회는 장로선택을 위한 공동의회를 하다가 분란이 일어나 교회가 둘로 나누어졌다고 합니다. 한국교회 중에 직분자를 세우는 일 때문에 시험을 당하지 않은 교회가 과연 몇이나 있을까요? 그리스도가 주인인 교회 안에서 인간들이 그리스도의 주권과 영광을 능멸하고 있습니다.

(2) 봉사직이 명예와 권세와 직업으로 변질되었다

예수 그리스도가 제자들에게 유언처럼 남긴 말씀은 섬기는 자가 되라는 것이다. "예수께서 불러다가 이르시되 이방인의 집권자들이 그들을 임의로 주관하고 그 고관들이 그들에게 권세를 부리는 줄을 너희가 알거니와 너희 중에는 그렇지 않을지니 너희 중에 누구든지 크고자 하는 자는 너희를 섬기는 자가 되고 너희 중에 누구든지 으뜸이 되고자 하는 자는 모든 사람의 종이 되어야 하리라"(막 10:42-44)

세속적인 명예와 권세와 하나님 나라에서의 그것들이 얼마나 다른가를 대조시키며 아주 분명하게 가르쳐주신 말씀이다. 이렇게 가르쳐주셨을 뿐 아니라 친히 본을 보이셨다. "인자가 온 것은 섬김을 받으려 함이 아니라 도리어 섬기려 하고 자기 목숨을 많은 사람의 대속물로 주려 함이니라"(막 10:45)고 말씀하셨고 몇 날이 안 되어 그는 우리를 살리시려고 십자가에 못 박혀 죽으셨다.

그러나 오늘날 교회의 직분은 세속적인 명예와 권세가 되고 목사에게는 직업이 되고 있다. 섬기라고 주신 직분을 자기의 명예와 권세로 삼고 있으며 이를 얻기 위해 죄를 짓는 일도 서슴지 않는다. 요즈음은 생계를 위해 교회를 개척하고 목회하는 사람들도 늘어나고 있다. 이런 타락은 더 심각한 상태로까지 나아가는데, 큰 교회의 목사들 중에는 교회를 개인 기업처럼 사유화하여 은퇴할 때는 자녀에게 세습하는 사람들도 많다. 요즈음은 세습 문제로 시비하는 사람들두 적어진 것을 보면 담임목사 세습이 이미 보편화되어 버린 것 같다.

5) 교회 공동체성의 변질

공동체를 규정하는 여러 가지 기준이 있겠지만 필자는 삶의 공유(sharing life)를 근본 기준으로 생각하고 있다. 교회는 그리스도 안에서 그의 피로 거듭난 사람들로 이루어진 공동체다. 곧 "형제가 연합하여 동거하는"(시 133:1) 새로운 가정이다. 그러나 오늘날 한국교회에서 영적인 가정으로서의 본질과 특성이 어떻게 드러나고 있는가? "한 피 받아 한 몸 이룬 형제자매"라는 말은 실제적인 내용이 전혀 없는 공허한 고백으로 회자되고 있으며, 이는 논리적으로 정리된 교리 안에만 남아있는 수사(修辭)일 뿐이다.

신자들이 과연 형제자매들로서 실생활 속에서 무엇을 공유하며 살고 있는지를 살펴보면 쉽게 알 수 있다. 현대 교회에는 이런 면에서도 교회의 교회다움이 거의 드러나지 않고 있다. 성도의 교제는 매우 피상적으로 이루어지고 있고, 사랑의 고백은 아무런 의미가 담기지 않은 말로만 하고 있다. 그리고 많은 교회가 분열과 갈등으로 몸살을 앓고 있으며, 서로 반목질시하는 것은 물론 상대방을 아예 '마귀' 혹은 '마귀 집단'으로 정죄하기까지 하며 싸운다.

지역 교회들의 이런 상황이 확대된 모습이 바로 교파분열이다. 한국교회는 거의 400여 개의 교파들로 분열돼 있으며, 장로교만 해도 200개에 가까운 교파들로 분열된 것으로 알려져 있다. 한국교회의 분열은 신학적이고 교리적인 문제 때문에 일어난 경우는 별로 없고 정치적이고 감정적인 이유가 대부분이다. 이런 분열의 틈바구니에서 온갖 이단 종파들이 서식하고 있다.

6) 지도자들의 윤리적인 타락

교회 안팎에서 자주 쟁점이 되고 있는 일들이라 새삼스럽게 언급할 필요가 없는지도 모르겠지만 몸의 이곳저곳에서 곪아 터지는 부스럼들은 몸이 심하게 오염돼있다는 증거다. 이로 인해 기독교 특히 목회자들에 대한 사회적 신뢰도는 바닥을 치고 있다. 한국교회의 사회적 신뢰도 추락의 가장 직접적인 원인은 교회 내에서 일어난 윤리적 대형 사고들이다. 목사들의 성적 추문, 교회의 사유화로 일어나는 재정 비리들, 담임목사직 세습, 총회장이나 명예로운 어떤 자리를 차지하겠다고 벌이는 불법적인 선거운동, 정교 유착과 권력에 아부하는 어용적인 처신, 남의 설교를 표절하거나 도용하는 일 등등, 일반 사회와 아무 다를 바 없는 목회자들의 행태가 한국교회에 먹칠을 해왔다.

그리고 특히 돈이 세상뿐 아니라 교회를 주름잡고 있다. 돈이 교회 안에서 큰 능력과 권세를 행사하고 있다. 세상에서는 돈으로 안 되는 것이 어디 있느냐는 듯 만능의 행사를 하고 있다. 과연 "돈만 있으면 귀신도 잡아 오고 호랑이 눈썹까지도 빼 올 수 있다"는 옛말이 조금도 거짓이 아니다. 그런데 요즘 일반 사회에서는 오히려 돈에 대한 저항이 일어나고 있는데, 교회에서는 때늦게 사람들이 돈의 위력에 눌려 금신상에 절하는 우상숭배가 보편화되고 있다.

돈 많은 사람이 행세를 하고, 돈을 많이 뿌려서 직분을 얻고, 돈으로 교회의 여론을 좌우하려 한다. 부흥회 강사로는 헌금을 많이 받아내는 사람이 가장 인기 있는 강사다. '크게 무리하지 않으면서 연보를 잘 받아내는 사람'으로 정평이 나면 최고의 부흥강사로 대접받는다. 재정적인 어려움이 있는 교회들은 이런 강사를 초청하여 "모금"을 하고 어려움을 극복한다. 이런 풍조가 만연해지면서 정상적인 교회 안에서라면 상상도 할 수 없는 종교적인 거짓과 사기가 난무하고 있다.

간음과 음란의 문제도 일반사회와 별 차이가 없다는 느낌이다. 그런데 매우 안타깝게도 성적인 실수나 범죄는 목회를 잘하고 교인들의 존경과 사랑을 받는 목회자들 가운데서 자주 일어나고 있어서 교회가 당하는 충격과 손실은 더욱 크다. 교회로서는 교인들이 실망하고 떠나는 손실은 물론 사회로부터 받는 비난도 크지만 유능한 목회자를 잃는 손실도 매우 크다.

교회 안에서 일어나는 소수의 나쁜 사건들이 가져오는 악영향에 대해 이원규 교수는 "사회적 존경과 신뢰에 대해 보다 중요한 척도는 친사회적 행위를 얼마나 하는지가 아니라, 반사회적 행위를 얼마나 하지 않느냐 하는 것이란 사실에 주목할 필요가 있다. 그것은 이타주의와 같은 행위가 종교인에게는 당연한 것으로 여겨지지만, 일탈과 같은 행위는 철저하게 하지 말도록 요구되는 사항이 아닌가 하는 것이다. … 따라서 종교의 도덕성 수준 평가는 긍정적 기준보다 부정적 기준에 더 의존하는 것 같다. 즉, 종교인에게 더욱 강하게 요구되는 도덕성은 좋은 일을 하는 것보다 나쁜 일을 하지 않는 것이라는 말이다"(「한국교회의 위기와 희망」 kmc)라고 했다.

7) 목회자의 과잉배출과 질적 저하

자타가 공인하는 한국교회의 가장 큰 문제는 신학교의 난립이다. 그

수를 정확하게 파악하기 힘들 정도로 많다. 결과 목사의 양산이 경쟁적으로 이루어짐과 동시에 목사의 도덕적 영적 성품과 자질은 심각하게 저하되고 있다. 더 큰 문제는, 대부분 이런 상황을 알고 있지만 교회가 이 문제를 해결할 방법이나 자정 능력을 갖지 못하고 있다는 것이다.

첫째는 교파분열로 신학교가 계속 세워지고 있는데 이를 통제하고 조정할 수 있는 그 어떤 기관도 없을 뿐 아니라 방법도 없다. 앞에서 언급한 대로 교파분열이 교리나 신학의 문제가 아니라 정치적인 패싸움의 성격이 크기 때문에 자파의 신학교를 따로 설립할 이유가 없는데도 교파주의의 연장으로 신학교를 세운다.

둘째는 일단 신학교가 설립되면 "유지관리를 위한 재정자립"이라는 현실적인 요구에 매여 학생 수를 조절하거나, 자격자를 선발하는 일이 사실상 불가능하다는 것이다. 설사 규모 있는 신학교들에서 학생을 선발한다 해도 낙방한 학생들이 목사 되기를 포기하지 않는 한 어느 신학교든 들어갈 수가 있으므로 한국교회 전체로 보면 그 선발이 아무런 의미가 없다. 결국, 자격이 없거나 질 낮은 목회자들이 계속 양산될 수밖에 없는 구조다.

이것이 교회 타락과 모든 문제의 근원이 되고 있다. 교회는 영적 공동체임으로 교회갱신은 제도나 법으로 이루어지기보다는 구성원들의 영적인 성숙을 통하여 이루어진다. 그러므로 교회의 지도자인 목회자의 자질 저하는 교회의 갱신은 고사하고 타락을 과속시키는 가장 큰 원인이 되고 있다. 여기서 모든 문제가 발생한다. 그런데 참으로 답답한 것은 이 문제를 해결할 방법도 그 가능성도 전혀 보이지 않는다는 것이다.

필자는 목사들에게 간절히 호소하고 싶다. 제발 더 이상 신학교를 세우지 말라고. 신학교를 세우는 일은 모두 거룩한 하나님의 일이라고 생각할지 모르지만, 반대로 무서운 범죄행위가 될 수도 있다. 만약 어떤 의과대학에서 무자격자에게 의사면허를 주어 배출하고 있다면 이는 사회적으로 큰 범죄가 아니겠는가? 그런데 영적 생명을 다루는 사역자인 목사를 아무나 세우고 배출한다면 이야말로 무서운 범죄행위가 아니고 무엇이겠는가.

2. 한국교회 타락의 주범

1) 그리스도의 주되심(the Lordship)에 대한 신앙고백의 허구

기독교 신앙고백의 기본은 그리스도의 로드십에 대한 고백이다. 곧 "그리스도가 만주의 주시며 자신의 주"시라는 믿음이다. 그러나 한국교회의 경우 입으로는 "주여, 주여"하지만 실제로는 그의 주되심을 부정한다. 그리스도를 주님으로 모셨다고 말하면서도 삶의 현장에서는 모든 일의 주관자가 자기 자신이다. 주님을 마음의 어느 한 곳에 잘 모셔놓았을 뿐 모든 일의 최종적인 결정은 자신이 한다. 개인도 교회도 범사에서 "하나님의 선하시고 기뻐하시고 온전하신 뜻"을 찾지 않고 사람들의 의견과 주장을 찾아 따른다.

그리스도의 주되심에 대한 신앙 약화는 모든 악의 근원이 되고 있다. 인본주의, 현세주의, 물질주의가 모두 여기서 나온다. 특히 이것은 교회의 영적 권위를 추락시켜버렸고 신자들은 자기의 소견에 옳은 대로 행하고 있다.

한국교회에서 권징이 사라진 지가 이미 오래되었다. 교회의 치리회가 하나님의 공의와 말씀을 따라 선악을 분별하려는 의지가 없는데다 영적 분별력도 잃어버렸다. 그리고 교회의 결정이 신뢰를 받지 못하므로 아무런 권위가 없다. 그래서 신자들뿐 아니라 목회자 자신들도 교회의 판단과 치리를 신뢰하지 않는다. 지금은 교회도, 신자 개인들도 모든 문제를 국가의 사법기관으로 가져간다. 따라서 지금 한국교회를 다스리는 사람들은 교회의 지도자들이 아니라 일반 법정의 판사들이라고 해도 과언이 아니다. 이 문제는 뒤에서도 계속 언급될 것이다.

2) 성장주의

교회의 본질적 특성을 변질시키고 훼손하는 악한 사상이 한두 가지가 아니지만 한국교회의 경우 가장 현실적이고 대표적인 것으로 성장주의를 들고 싶다. 성장주의가 한국교회에 미친 악영향이 너무나 크기 때문이다. 그런데 성장주의가 한국교회를 이렇게도 깊이 병들게 만들었음에도 사람들이 이를 심각하게 여기지 않는 이유는 무엇일까? 그것은 교회 성장 자체는 선한 것이 아니냐고 생각하기 때문이다. 교회가 양적으로든 질적으로든 성장하고 부흥하는 것은 하나님이 원하시는 일이고 기뻐하시는 일이 아니냐고 생각하기 때문이다.

일리가 있는 말이다. 그러나 여기서부터 문제가 시작된다. "일리(一理)"가 문제다. 목회자들이 이 일리를 방패로 삼아 교회성장을 위해서라면 수단과 방법을 가리지 않게 되고, 나아가 자신들의 공로를 자랑하고 세속적인 명예의 수단으로 사용한다. 그러면서 성장주의가 교회의 교회 됨을 파괴하고 부흥을 왜곡시키며 진정한 성장을 가로막는 악이 되었다. 곧 교회성장 운동이 바벨탑 운동이 된 것이다. 바벨탑 운동은 "성읍과 탑을 건설하여 그 탑 꼭대기를 하늘에 닿게 하여 우리 이름을 내고 온 지면에 흩어짐을 면하자"(창 11:4)는 운동이다. 즉 '교인들을 많이 모으고 교회당을 크게 짓고 유명해지자'는 운동이다.

한국교회가 성장주의에 사로잡힌 지가 이미 오래되었다. 7-80년대부터 "많은 교인, 큰 교회당"이 우상이 되었다. 그러면서 전도는 사람 모으기 운동으로 전락했고, 일반인들은 전도를 상업적인 활동으로 여기고 있다. 목회자를 평가하는 교인들의 기준도 교회의 양적인 성장이다. "꿩 잡는 게 매"라는 속어가 공공연히 사용되고 있다.

그래서 목회자들은 자기 목회의 성공과 명예를 위해 혈안이 되어있고 성장을 위해서라면 수단과 방법을 가리지 않는다. 교인 수를 늘리기 위해 설교나 전도를 장사하듯 한다. 그리고 거의 모든 목사나 교회들이 교인 수를 과장한다. 더구나 회개도 없고 그리스도를 제대로 알지도 못하는 사람에게 세례(침례)를 베풀고, 헌신과 충성을 바라며 교회 직분을 매매하듯 한다. 소위 "명예장로, 명예권사(명칭 장로, 명칭 권사)" 등의 임명이 그 예들 중 하나다.

영혼 구원하여 제자 삼는 일이나 하나님의 나라를 세우는 "거룩한 사역"은 말뿐이고 속내는 큰 교회로 성장시켜 유명해지는 것이다. 그리고 유명함에 따라붙는 것은 권력이다. 일부 교회의 목사들은 교회의 주이시며 동시에 만주의 주이신 그리스도보다 더 큰 영광과 힘을 과시하고 있다.

3. 본질로의 회복

한국교회의 갱신은 어디서부터 어떻게 시작해야 할 것인지를 솔직히 잘 모르겠다. 안다 해도 사람의 생각으로는 그것의 실행이 불가능하게 보인다. 그러니 다락한 한국교회에도 희망이 있는 것은 교회의 주인이 그리스도이시기 때문이다. 딴 종교처럼 되어버렸던 중세교회를 개혁을 통해 새롭게 하셨던 주께서, 애통하고 탄식하며 회개하는 "남은 자들"을 통하여 언젠가 한국교회를 새롭게 하실 날이 이르게 되리라 믿는다.

1) 복음의 재발견

    기독교의 영원한 보화와 자랑은 복음이다. 이제 우리는 500년 전 종교개혁자들이 그랬던 것처럼 "모든 믿는 자에게 구원을 주시는 하나님의 지혜요 능력인 복음"을 재발견해야 한다. "값싼 은혜"로 전락해버린 복음을 그리스도가 자기 목숨을 대속 제물로 바쳐서 이루신 "거룩한 십자가의 복음"으로 다시 회복시켜야 한다. 대속만 강조하고 회개를 강조하지 않는 복음 전도는 돼지 앞에 진주를 던지는 행위와 같다. 그뿐만 아니라 사죄의 은혜만 강조하고 율법을 준수하며 계명을 따라 행하는 삶을 강조하지 않는 가르침은 복음을 훼손하는 행위다.

고려신학대학원의 박영돈 교수는 "한국교회에 구원파적인 복음, 성화와 단절된 칭의로만 구원받는다는 잘못된 가르침은 교인들을 진리의 영이 아니라 미혹의 영이 주는 거짓 확신에 빠지게 한다. 성령 안에서 성화가 진행되는 증거와 열매가 전혀 나타나지 않아도 믿기만 하면 이미 구원받은 것이라고 안심시키는 것은 교인들을 무서운 자기기만과 방종에 빠지게 하는 것이다"라고 경고하였다(2016년 미래교회포럼 자료집). 그리고 그는 "칼빈의 공헌은 칭의의 선물적인 특성을 조금도 약화시키지 않고 칭의를 성화에 근거시키지 않으면서도 성화를 구원의 구성요소로 체계화한 것이다. 그러므로 칼빈에 따르면, 성화 없는 구원은 없다"라고 하였다.

이런 신학적인 문제를 여기서 구체적으로 다룰 여유가 없지만, 목회자들이 복음을 바로 이해하고 성경의 진리를 균형 있게 가르치고 설교해야 한다는 사실은 다시 한번 강조하고 싶다. 복음은 회개한 자들에게 임하는 은혜이다. 자기를 부인하고 자기 십자가를 지는 사람들에게 효력 있게 나타나는 은혜. 세례 요한의 첫 메시지는 "회개하라 천국이 가까왔느니라"(마 3:2)였고, 예수님은 "때가 찼고 하나님의 나라가 가까이 왔으니 회개하고 복음을 믿으라"(막 1:15)고 하셨다. 한국교회는 회개하지 않은 사들, 그리스도가 누구이며 자신을 위해 무슨 일을 하셨는지도 모르는 사람들에게 세례를 베풀어 교회의 정회원으로 받아들이고 있다. 이것은 "양의 문"—그리스도는 자신을 양의 문이라 하셨다—을 철거해버리는 행위와 같다. 문이 철거되면 교회와 세상의 구별이 없어진다.

한국교회의 개혁은 입교에서부터 시작해야 한다. 양의 문 관리를 제대로 하는 것이 교회갱신의 첫걸음이다. 교회당에는 아무나 들어올 수 있지만, 교회에 사람을 들이는 일은 차원이 다른 문제다. 그러므로 세례는 매우 신중하고 엄격하게 수행되어야 한다. 바울 사도는 "복음은 모든 믿는 자에게 구원을 주시는 하나님의 능력"(롬 1:16)이라고 했다. 그리고 그는 "십자가의 도가 멸망하는 자들에게는 미련한 것"(고전 1:18a)이지만 "하나님께서 전도의 미련한 것으로 믿는 자들을 구원하시기를 기뻐하셨도다"(21b)라고 하였다. 또한 그는 "내 말과 내 전도함이 설득력 있는 지혜의 말로 하지 아니하고 다만 성령의 나타남과 능력으로 하여 너희 믿음이 사람의 지혜에 있지 아니하고 다만 하나님의 능력에 있게 하려 하였노라"(고전 2:4, 5)고 거듭 다짐하였다.

목회자에게 가장 중요하고 우선적인 일은 복음의 능력을 알고 체험하고 확신하는 것이다. 복음이 죄로 인해 모든 비참과 저주에 빠져있는 인류를 구원하시기 위한 하나님의 확실하고 완전한 대책임을 믿는 것이다. 이런 확신이 있어야 종교 다원주의와 인본주의를 이기고 이 땅에 하나님 나라를 세울 수 있다. 초대교회가 오늘날보다 훨씬 더 어려운 환경에 있었지만 결국은 세상을 이기고 복음을 땅끝까지 전할 수 있었던 것은 바로 복음에 역동적인 능력이 있었고, 복음사역자들에게는 복음의 능력에 대한 확신이 있었기 때문이다.

2) 그리스도의 주되심에 대한 신앙고백의 재확인

"그리스도가 주인이신 교회"가 참된 교회다. 고백적으로든 실제적으로든 이것이 희미해진 교회는 적그리스도의 교회로 전락할 수 있다. 그리스도는 하늘과 땅의 모든 권세를 가지신 분이다. 그는 교회의 머리가 되심으로 만유의 주가 되신다. 그의 주권과 권세는 하늘에 미치고 영원히 견고하다. 그 누구도 그의 주권에 도전할 수 없고 그의 영광을 빼앗을 자 없다. 신자는 이 신앙의 반석 위에 굳게 서야 하며, 범사에 그의 뜻을 살펴 그에게 순종해야 한다.

교회의 전도, 입교, 직분, 사역, 예배 등 모든 것이 그의 선하시고 기뻐하시고 온전하신 뜻을 따라 이루어져야 한다. 그래서 교회는, 특히 교회의 지도자들은 그의 뜻을 찾고 구하는 일에 깨어 있어야 하며 그의 뜻을 따라 행함에 충성해야 한다. 정신을 차려야 한다. 정신 차리고 과연 그리스도가 나의 주이시며 교회의 주이신지 확인해야 한다.

3) 민주적인 교회행정과 투명한 재정관리

교회의 개혁과 갱신은 신령한 차원에서만 이루어지지 않는다. 특별히 한국교회의 개혁은 신학적이고 교리적인 차원에서가 아니라 실제적이고 구체적인 생활의 차원에서 일어나야 한다. 한국교회가 대체로 건전하고 보수적인 신학과 교리를 가지고 있으면서도 그것들이 생활 속에 적용되지 않고 있으며, 상식적인 작은 일들에서도 실패하고 있기 때문이다. 이런 구체적이고 실제적인 일들에 실패함으로써 교회가 가진 복음의 능력과 영광이 가려지거나 무시되고 있다.

교회의 행정은 철저히 민주적으로 이루어져야 한다. 천주교는 교회의 의사결정권은 성직자에게만 있다는 신학을 가지고 있지만, 개신교는 다르다. 개신교는 성경이 모든 사람에게 열려 있을 뿐 아니라 성령님이 강림하여 각 사람에게 임하였으므로 교회의 지체인 성도에게는 하나님의 뜻을 분별할 수 있는 지혜와 능력이 있다는 것을 인정하고 존중한다. 개신교는 성직자와 평신도를 구별하지 않는데 이는 말씀과 성령의 인도함을 받는 사람들은 하나님 앞에서 모두 동등한 성도임을 믿기 때문이다. 그래서 교회에서 회의를 하거나 투표를 할 때 목사나 일반 교인이나 결의권이 동등하다.

명심해야 할 일은 교회의 회의나 투표는 하나님의 뜻을 찾는 기도의 연장이라는 사실이다. 모두 기도하는 마음으로 하나님의 뜻을 찾는다면 그 뜻을 분별하는 일은 소수가 하는 것보다 다수가 하는 것이 더 바르고 안전하게 이루어질 가능성이 크다. 백종국 교수는 개혁교회 체제는 당연히 민주적이어야 하는 이유를 여섯 가지로 들었다. "첫째, 모든 인간은 다 죄인이며 부족하기 때문에 공화적으로 지혜를 모으는 게 현명한 일이다. 둘째, 교회 지도자가, 목사든 장로든, 하나님을 대신하는 죄를 범하게 되기 때문이다. 셋째, 견제와 균형을 통해 오류를 피할 수 있기 때문이다. 넷째, 갈수록 회중의 수준이 높아지고 있으므로 과거처럼 구태여 교회의 특정 지도자가 모든 것을 관장할 필요가 없다. 다섯째, 근본적으로 사회가 갈수록 전문화되고 있으므로 모든 부문에서 다 통달한 지도자를 찾을 수 없다. 여섯째, 민주화할수록 교인들의 자발적 헌신과 참여를 높일 수 있다."(백종국 「바벨론에 사로잡힌 교회」 뉴

스엔조이)

교회가 민주적인 방법으로 하나님의 뜻을 찾아 실행토록 하신 것은 그의 지혜로우신 처사이다. 회중이 함께 기도하며 의논하여 하나님의 뜻을 찾게 하심으로써 모든 성도들이 범사에 하나님을 찾는 경외심을 훈련하고 기르심이고, 또한 하나님의 뜻으로 알고 결정한 일을 실행해 나갈 때 모두 마음을 합하여 일할 수 있게 하심이다.

교회는 행정적으로 민주적이어야 할 뿐 아니라 재정에 있어서도 투명해야 한다. 교회 재정의 투명한 관리는 어려운 일도 아닌데 왜 이것까지도 잘 이루어지지 않고 있는지 이해가 되지 않는다. 투명하지 않으면 불신과 의심만 생기게 되지만 재정을 투명하게 하면 재정사용의 합목적성과 건전성도 더해진다. 교인이면 누구나 교회의 재정 상태를 알 권리도 있으므로 재정보고서도 누구나 열람할 수 있도록 해야 한다. 이렇게 함으로써 재정을 다루는 사람들이 더 성실하게 되고, 교인들의 연보가 교회의 사명 곧 교육과 전도와 구제 사역을 수행하는데 효과적으로 쓰이게 될 것이다.

특히 목회자의 사례금이나 사역비 등은 더욱 정확하게 밝혀 목회자가 교인들의 신뢰를 받도록 도와야 한다. 목회자의 소득세 납부도 목회자 자신뿐 아니라 교회에 유익을 가져온다. 국민으로서 병역의 의무는 물론 납세의 의무를 다하려는 모습은 교인들에게는 물론 일반사회로부터도 신뢰를 얻을 수 있고, 간접적으로는 교회 재정의 투명성을 제고시키는 데도 도움이 될 수 있다.

4) 도덕재무장운동

지금은 교회가 전도보다 윤리 운동을 먼저 해야 할 상황이다. 신학적 개혁보다 도덕적 갱신이 더욱 시급하다. 세상은 우리의 말을 듣기보다 행위를 보려 한다. 기독교가 단순히 윤리종교는 아니지만, 교회가 고도의 윤리성을 갖지 못하면 세상으로부터 외면당한다. 지금 우리 사회는 한국교회를 외면하고 있는 정도가 아니라 적개심을 가질 정도로 분노하고 있다. 그동안 계속 터져 나온 윤리적 대형 사고들 때문이다. 교인들의 "착한 행실"은 세상의 빛이다. 한국교회가 이 빛을 드러내지 못하면 교회의 미래는 현재보다 훨씬 더 암담해질 것이다. 약 100년 전 부크만(Frank Buchaman) 목사가 일으켰던 도덕재무장운동을 우리도 다시 시작해야 한다.

이런 운동의 작은 시도로 한국기독교목회자협의회가 주선하여 2012년 10월에 한국교회목회자윤리위원회가 조직되었다. 그리고 한 달 후 11월 29일에 목회자윤리강령이 발표되었는데, 필자는 상기 위원회의 서기로서 목회자윤리강령을 초안하는 일에 참여하였다. 이 강령이 선언적 의미로 끝나지 않고 한국교회 지도자들이 자신의 윤리적인 삶을 점검하는 지침이 되었으면 한다. 목회자윤리강령의 열 가지 내용은 아래와 같다.

『하나, 우리는 그리스도가 교회의 주되심(the Lordship)을 거듭 확인하고 고백한다. 그러므로 어떤 경우에도 개인적으로나 교회적으로나 그리스도의 주권에 도전하거나 훼손하는 일이 생기지 않도록 두려워 떨며(시 99:1) 삼갈 것을 다짐한다.

하나, 목회자의 권위는 겸손과 섬김과 희생에 있다. 따라서 우리는 섬김이 가장 귀한 사역이라는 그리스도의 교훈(막 10:45)을 받들어 부와 명예와 권세의 유혹을 이기고 평생토록 낮은 자리에서 섬기는 자로 살 것을 다짐한다. 우리는 교회에서 어떤 직책이나 지위를 얻기 위해 선거운동을 하거나 돈을 쓰는 일이 없도록 자정(自淨) 노력을 계속할 뿐 아니라 감시 감독의 책임도 다할 것을 다짐한다.

하나, 우리는 공정한 절차를 통한 민주적인 의사결정이 성서적인 방법이라고 믿는다. 따라서 우리는 교회의 모든 일들에서 하나님의 뜻을 찾되(롬 12:2) 공개적이고 민주적인 절차를 따라 행할 것이며, 나아가 교회가 사회로부터 신뢰를 얻을 수 있도록 목회자 스스로 정직 근면할 뿐 아니라 그리스도인들로 양심운동과 정직운동에 적극 참여토록 격려하고 고무하는 지도자가 될 것을 다짐한다.

하나, 우리는 교회의 불투명하고 독단적인 재정운영이 목회자를 부패시키고 교회의 화합을 깨는 주요한 원인이 되고 있다는 것을 인정하며, 따라서 교회의 재정은 교인들의 감시와 감독을 받을 수 있도록 공개되어야 한다고 천명한다. 이로서 우리는 교회 안팎으로부터 신뢰를 얻고, 적극적으로는 선교와 사랑의 나눔을 통하여 교회의 사명을 완수하는데 진력할 것을 다짐한다.

하나, 목회자는 결혼의 존엄함과 가정의 순결을 지키는 일에 본이 되어야 한다. 하나님께서는 한 남자와 한 여자가 연합하여 둘이 한 몸을 이루게 하셨다(창 2:24). 그러므로 가정은 창조주 하나님의 섭리와 그리스도의 뜻대로(엡 5:22-27) 거룩하고 순결하게 보존되어야 한다. 우리는 무방비 상태로 노출된 현대사회의 온갖 유혹으로부터 자신과 가정과 교회를 지키는 순결운동에 앞장설 것을 다짐한다.

하나, 우리는 교회의 주권이 오직 그리스도에게 있음을 믿는다. 교회는 담임목사의 소유가 아니며, 자녀들에게 물려줄 수 있는 유산도 아니다. 따라서 우리는 자녀나 친족에게 담임목사의 자리를 대물림하는 일을 하지 않을 것을 결단하며, 지금도 한국교회에서 계속되고 있는 "세습"을 근절하는 일에 앞장설 것을 다짐한다.

하나, 우리는 이원론적인 세계관과 왜곡된 복 사상, 교회의 양적 성장주의 추구에 함몰되지 않도록 즉 세속화와 인본주의 그리고 각종 프로그램에 치우치지 않도록 자기를 지키며 교회의 갱신과 진정한 부흥을 위해 말씀과 기도에 더욱 전념할 것을 다짐한다.

하나, 우리는 하나님의 창조 세계를 사랑하고 귀히 여기며, 자연을 보존하는 친환경적인 생활습관과 문화를 기르고 발전시키기 위해 목회자로서 검소와 절제의 모범을 보이며 교육적 사명을 다할 것을 천명한다.

하나, 우리는 교회와 국가가 사역의 영역에서 구분되어 있다는 것을 안다. 따라서 우리는 세상 권력을 쟁취하기 위해 정당을 만들거나 특정 정당에 가입하여 활동하는 일을 삼갈 것이다. 그러나 정치와 종교의 구분이 기독인들의 사회 정치적 책임과 권리를 유보케 하는 것은 아니므로 우리는 시민으로서 납세와 국방의 의무를 포함한 공적 의무와 사회적 책임을 다할 것이며, 나아가 이 땅 위에 하나님의 공의와 사랑이 이루어지도록 예언자적인 사명을 다할 것임을 다짐한다.

하나, 우리는 그리스도의 복음이 모든 믿는 자들에게 구원을 주시는 하나님의 능력임을 고백할 뿐 아니라 기독교 진리의 탁월성을 믿는다. 동시에 우리는 타종교들을 존중하며, 그들이 가진 신앙과 종교시설을 폄하하는 일이 없도록 노력할 것을 천명한다.』

5) 건강한 중소형 교회 세우기

교회가 큰 교회로 성장하는 것이 반드시 부정적인 일은 아니나 이것이 목표가 되면 본말이 전도될 수밖에 없다. 그리고 대형교회로 성장하기를 원한다고 해서 대형교회가 되는 것은 아니나 대형교회가 되면 아무래도 교회 건강성에 많은 문제가 발생한다. 교회로서의 본질적인 요소들이 변질되기 쉽다. 거기다 더욱 위험한 일은 교회의 힘이 담임목사에게 집중되는 것이다. 대형교회로의 성장은 담임목사의 가장 확실한 공적으로 인정되고, 그것은 담임목사가 교회 안에서 절대권을 행사할 수 있게 만드는 바탕이 된다. 그렇게 되면 당사자가 원하든 원치 않든 최소한 힘이 그에게 집중될 수밖에 없고, 이런 구조 안에서 목회자나 교회가 권력화의 유혹을 이기고 거룩함과 겸손을 지켜내는 일은 지극히 어렵게 된다.

그러므로 교회의 대형화를 지양하고 건강한 중소형 교회를 많이 세우는 것이 교회의 개혁과 갱신을 위해 매우 중요한 방법이다. 소수의 대형교회들보다 건강한 중소형 교회들이 많아야 진정한 부흥을 이룰 수 있다. 중소형 교회들이 대형교회들보다 교회다움을 더 잘 지켜갈 수 있고, 영혼 구원하여 제자 삼는 교회의 존재 목적을 성취하는 일에도 훨씬 더 효과적으로 복무할 수 있다.

필자는 대형교회들이 분립을 통해 중소형 교회들을 많이 세울 것을 강력히 제안한다. 그럼으로써 의도하지 않은 가운데 생겨난 세속적인 특권들과 영광을 내려놓고 나눔과 섬김을 실천할 수 있기를 소망한다. 교회분립 운동은 한국교회가 그동안 물량주의에 휩쓸려 저지른 죄를 씻는 실제적인 회개가 될 것이고, 나아가 식어버린 부흥의 동력을 다시 일으키는 강력한 임팩트(impact)가 될 것이다.

한국교회의 개혁 갱신은 절체절명의 과제다. 이대로 가면 예수님 당시의 유대교처럼 돼버릴 수도 있다. 회개하고 다시 일어나야 한다.

제2권

목회를 위한 교회론

목회는 교회를 섬기는 사역이다. 만약 교회론을 목회와 분리해서 논한다면 그것은 탁상공론이 되고 말 것이다. 불행하게도 필자는 신학교에서 교회론도 목회학도 제대로 배우지 못했다. 거기다 목사로 장립을 받고 부목사로 섬기던 교회가 분열되어 3년 동안이나 서로 갈등하며 난투극까지 벌이는 극단적인 상황에까지 이르면서 필자는 교회는 물론 기독교 자체에 대해서까지 깊은 회의와 절망감을 느꼈다.

그러나 그러면서도 하나님의 존재까지는 부정할 수 없었고, 또 초등학교 때부터 목사가 되겠다고 나섰던지라 거기서 그냥 물러서거나 포기할 수는 없었다. 그래서 그때부터 다시 공부하기 시작한 것이 교회론이었다. 여기서 필자는 성경에서 발견했고, 목회에 적용했던 교회론을 소개하려 한다. 그리고 단순히 소개만 아니라 함께 성경이 보여주는 교회 상을 찾아 교회다운 교회, 건강한 교회를 세우는 일에 헌신할 사람들을 개발하고 연대하여 동역하려는 것이 본서의 취지다.

하나님께서는 시내산에서 모세에게 회막을 지으라고 말씀하시고, 회막의 양식과 거기에 사용될 재료들, 그리고 회막을 세우는데 필요한 세밀한 지침들을 주셨다. 특히 출 25:40은 우리가 주목해야 할 말씀이다. "너는 삼가 이 산에서 네게 보인 양식대로 할지니라" 회막은 이스라엘 백성이 하나님을 만나는 장소. 이것은 장차 시온 산에 세워질 성전의 모델이 되었고, 성전은 그리스도의 존재와 그의 사역을 예표 하였다.

신약의 교회는 구약이 회막과 성전으로 보여주었던 상징과 예표의 성취이다. 곧 교회는 그리스도의 몸이다. 이로 보건대 하나님께서 그 아들의 피로 세우신 교회도 그 "양식"이 성경에 분명히 기록돼 있다는 것을 알 수 있다. 따라서 우리는 성경이 말하고 성경이 보여주는 교회상을 찾아 이를 비전으로 삼고, 이런 교회를 세우는 일에 진력해야 한다.

성경이 보여주는 교회 상을 기준으로 교회의 교회 됨과 그 건강성을 진단하는 세 가지 중요한 점검 사항이 있다. 필자는 이것들은 멤버십(membership)과 리더십(leadership)과 펠로우십(fellowship)으로 나눈다.

1. 교회의 회원(membership)

멤버십이란 "누가 신자인가? 누가 그리스도의 몸 된 교회의 지체이며, 하나님 나라의 백성이냐?"는 것을 규정하는 말이다. 곧 교회 회원인 신자들의 자격과 수준을 말한다. 교회론은 바로 여기서 시작되어야 한다. 왜냐하면 교회는 "그리스도를 구주로 믿는 신자들의 공동체"이기 때문이다. 따라서 이를 분명히 하지 않으면 교회는 그 정체성(identity) 자체에서부터 심각한 혼란에 빠질 수 있다. 오늘날 한국교회는 멤버십에서 매우 심각한 혼란을 겪고 있다. 이것은 교회의 건강문제 정도가 아니라 교회의 교회됨 자체를 위협하는 아주 심각한 문제다.

1) 교회의 문 "양의 문"

이미 앞에서 언급하였지만, 교회의 문은 예수 그리스도다. 예수님은 자신을 가리켜 "양의 문"이라 하셨다. "그러므로 예수께서 다시 이르시되 내가 진실로 진실로 너희에게 말하노니 나는 양의 문이라 나보다 먼저 온 자는 다 절도요 강도니 양들이 듣지 아니하였느니라 내가 문이니

누구든지 나로 말미암아 들어가면 구원을 받고 또는 들어가며 나오며 꼴을 얻으리라"(요 10:7-9)

"죽은 행실"을 회개하고(히 6:1; 엡 2:1) 예수 그리스도를 믿고 주님으로 영접한 사람이 교회의 회원이다. 오직 예수님을 믿고 예수님을 통하여 구원받은 사람만이 신자이고 교회의 회원이다. "나보다 먼저 온 자는 다 절도요 강도니"(요 10:10)라고 하셨는데, 이는 예수 그리스도 외에 다른 이름으로 온 자들을 일컫는다. 즉 거짓 그리스도와 거짓 선지자들과 교사들을 지칭한다.

예수 그리스도 외에 그 어떤 이름으로도 하나님 나라에 들어갈 수 없고 그 나라의 백성이 될 수 없다. 교회는 하나님 나라다. 교회는 이미 성취되었으나 아직은 완성되지 않은(already but yet) 하나님 나라이며 그 나라의 대리점(agent)과 같다. 그러므로 여기에 들어오려면 반드시 예수 그리스도를 통해야 한다. 따라서 교회의 지도자들은 이 양의 문을 확실히 관리해야 한다. 이 문 관리가 제대로 안 되면 교회는 거룩함을 잃어버리게 되고, 세상과 구별이 안 되는 자리에까지 추락해버릴 수 있다.

한국교회의 목회자들은 너무나 함부로 세례를 베풂으로써 교회의 거룩함을 심각하게 훼손하고 있다. 우리가 교회당에는 아무나 와도 좋다고 초청하지만, 교회당에 나온 사람을 교회의 회원 즉 그리스도의 지체로 받아들이는 일은 이와는 완전히 다른 문제다. 따라서 세례가 올바로 시행되지 않고서는 교회갱신은 불가능하다. 교회개혁은 입교 관리에서부터 시작되어야 한다. 한국교회가 입교관리만 제대로 해도 한 세대가 지나기 전에 교회다운 교회로 우뚝 서게 될 것이다.

2) 양의 문 관리

　교회의 문 관리란 목회적으로 말하면 입교 관리다. 교회에서의 입교절차는 대부분 세 단계로 이루어지는데, 복음 전도와 회심(회개와 영접)확인과 세례다. 이 세 가지는 아주 확실하고 신중하게 시행되어야 한다. 먼저 복음이 분명하게 전달되어야 하고, 회개와 영접이 객관적으로 검증되어야 한다. 그런데 안타깝게도 오늘날 한국교회에는 많은 교인이 그리스도 제대로 알지 못하고 믿지도 못하면서 세례를 받고 교회의 회원으로 참여하고 있다.

　이는 전적으로 목회자들의 책임이다. 많은 목회자가 성장주의에 빠져서 교회의 문을 제대로 관리하지 않기 때문이다. 관리하지 않는 정도가 아니라 아예 양의 문을 철거해버린 것이 아닌가라는 의심이 늘 정도로 함부로 성례를 집행하는 목회자들도 있다. 이런 자들은 장차 심판대 앞에서 "나보다 먼저 온 자는 다 절도요 강도니"(요 10:8)라는 무서운 말씀을 들을지도 모른다.

　청교도들은 사람을 교회에 받아들이는 일을 아주 철저하고 신중하게 하였다. 그들은 보이는 교회의 회원이 보이지 않는 교회의 회원에 보다 더 근접하기를 바라는 마음에 회원자격의 표준을 엄격히 설정하였고, 회중 앞에서 청문회를 거쳐 세례를 베풀었다고 한다. 윌리엄 퍼킨스(William Perkins)는 구원의 믿음에 이르는 단계를 열 단계로 분류했다. 이는 입교를 원하는 교인들의 믿음을 분별하는 데 참고가 된다.

　① 말씀이 전파되는 곳에 참석한다.

② 인간 본성의 강퍅함을 부스러뜨리고 굴복시키는 현상들이 동반된다.
③ 선악에 대한 일반적인 이해에서 나아가 자기 자신의 독특하고도 고유한 죄를 인식한다.
④ 율법의 두려움을 아는 단계로 자신에게 아무런 소망이 없다는 것을 깨닫는다.
⑤ 복음으로 설명되고 전파된 구원의 약속에 대하여 자신의 마음에 일어나고 있는 심각한 고려를 발견한다.
⑥ 그때 하나님은 그들의 마음에 믿음의 불꽃 즉 믿고자 하는 의지와 욕망을 점화시킨다.
⑦ 이어 전투가 시작되는데, 영혼은 의심과 절망에 대항하여 열렬하고 지속적이며 간절한 용서의 간구로 싸운다.
⑧ 이 전투는 계속되지만 결국은 하나님의 자비에 의한 설득에 이른다.
⑨ 그 뒤에 복음적 슬픔 즉 죄에 대한 애통이 따르고
⑩ 최종적으로 하나님은 새로운 순종으로 그의 계명에 순종하고자 애쓰는 은혜를 주신다. (Benjamin Brook, The Lives of Puritans Ⅱ. 재인용)

3) 건강한 성도

교인은 교인 됨의 자격을 갖추어야 하지만 더 나아가 건강해야 한다. 사람들은 건강을 제2의 생명이라고 말한다. 우리가 생명을 가지고 존재한다는 것이 신비로운 일이지만 건강하다고 하는 것은 존재하는 것 못지않게 중요하다. 몸이 건강한 것도 중요하지만 성도는 영적으로 더욱 건강해야 한다. 바울 사도는 성도들의 속사람을 건강하게 해주시기를 하나님께 무릎을 꿇고 간절히 기도하였다.

"이러하므로 내가 하늘과 땅에 있는 각 족속에게 이름을 주신 아버지 앞에 무릎을 꿇고 비노니 그의 영광의 풍성함을 따라 그의 성령으로 말미암아 너희 속사람을 능력으로 강건하게 하시오며"(엡 3:14-16)

이 기도는 모든 목회자의 소원이며 사역의 목표다. 선한 목자이신 예수님은 "내가 온 것은 양으로 생명을 얻게 하고 더욱 풍성히 얻게 하려는 것이라"(요 10:10)고 하셨다. 구원은 우리가 생명을 얻는 데 그치지 않는다. 그 생명이 더욱 풍성해지는 것이다. 이것이 바로 속사람의 건강이다. 필자는 건강한 성도의 특징을 네 가지로 정리해보았고 이를 따라 교인들을 양육·훈련하려고 노력했다.

첫째로 건강한 성도란 올바른 신앙고백을 가진 사람이다. 신앙 내용이 성경에 근거해 있고 건전하고 올바른 복음을 알고 믿는 사람이다. 열심이 있다고 해서 건강하다고 말할 수 없다. 바른 지식에 입각한 열심이어야 한다. 열심으로 말하면 이단자들을 따를 자 없다. 건강한 성도란 예수님이 누구이신지, 또 그가 우리를 위해 무슨 일을 하셨는가를 알고 믿는 자다. 그리고 그를 의지할 뿐 아니라 그를 본받아 사는 일에 열심을 가진 자다.

둘째는 감사와 기쁨이 있는 사람이다. 감사와 기쁨은 건강한 사람들의 특징이다. 병들고 약하면 힘들고 어렵다. 기독교는 계시의 종교이며 은혜의 종교다. 사람이 하나님을 찾아 경배하게 된 것이 아니라 하나님께서 자신을 나타내시고 찾아오셨다. 그리고 우리의 선한 행위와 공로로 구원을 받은 것이 아니라 "그리스도 예수 안에 있는 속량으로 말미암아 하나님의 은혜로 값없이 의롭다함을 얻은 자 되었다."(롬 3:24) 그러므로 신앙생활은 바로 감사생활이다. 하나님의 사랑과 은혜를 알고 "내게 주신 모든 은혜를 내가 여호와께 무엇으로 보답할까"(시 116:12) 하는 마음으로 감사하며 사는 것이 신앙생활이다.

감사가 없으면 신앙생활이 힘들다. 별일이 없이 평온할 때는 권태롭고 별일이 생기면 원망스럽다. 그래서 우리는 하나님의 은혜를 알아야 한다. 우리가 하는 기도의 90% 이상이 은혜를 구하는 기도인데, 그러나 더 먼저 그리고 더 많이 해야 할 기도는 하나님이 이미 주신 은혜와 주시기로 약속하신 은혜를 알게 해달라는 것이어야 한다. 우리는 하나님의 은혜로 둘러싸여 있다. 하나님의 창조세계로부터 받아 누리는 은혜가 얼마나 크고 풍성한가? 그러나 역시 은혜 중의 은혜는 구원의 은혜다.

사도 바울은 에베소서 1장 전반부에서 성삼위 하나님의 구원에 대해 말씀하고, 이어서 성도들이 이 구원의 은혜를 알게 해달라고 기도했다. "우리 주 예수 그리스도의 하나님, 영광의 아버지께서 지혜와 계시의 영을 너희에게 주사 하나님을 알게 하시고 너희 마음의 눈을 밝히사 그의 부르심의 소망이 무엇이며 성도 안에서 그 기업의 영광의 풍성함이 무엇이며 그의 힘의 위력으로 역사하심을 따라 믿는 우리에게 베푸신 능력의 지극히 크심이 어떠한 것을 너희로 알게 하시기를 구하노라"(엡 1:17-19) 감사가 있어야 기쁨이 있고 거기서 하나님을 섬기고 이웃을 섬길 힘이 나온다.

셋째로 건강한 성도는 사랑받을 줄도 알고 사랑할 줄도 아는 사람이다. 사랑은 성숙한 인격을 가늠하는 가장 중요한 척도다. 건강한 인격을 가진 사람들에게는 사랑의 능력이 있다. 인격적으로 건강치 못한 사람들은 사랑하는 것은 물론 사랑받을 줄도 모른다. 건강이란 생명의 충만한 상태를 말한다. 그리고 생명의 본질은 사랑이다. 생명의 꽃, 생명의 열매가 사랑이다. 생명이 충만한 곳에 사랑이 풍성하게 된다.

사도의 기도는 계속된다. "믿음으로 말미암아 그리스도께서 너희 마음에 계시게 하시옵고 너희가 사랑 가운데서 뿌리가 박히고 터가 굳어져서 능히 모든 성도와 함께 지식에 넘치는 그리스도의 사랑을 알고 그 너비와 길이와 높이와 깊이가 어떠함을 깨달아 하나님의 모든 충만하신 것으로 너희에게 충만하게 하시기를 구하노라"(엡 3:17-19)

그리고 사랑은 섬김으로 나타난다. 인생의 목적은 사랑이고 그 방편은 섬김이다. 섬김은 성숙과 미성숙의 척도. 성인이 되었다는 것은 다른 사람들을 도울 수 있는 마음과 힘을 가진 사람이다. 유아 때는 백 퍼센트 도움을 받아야 한다. 그러나 자랄수록 자립하고 더 자라 성인이 되면 다른 사람들을 돕고 나누며 산다. 예수님은 섬기는 자가 위대하다고 가르치셨다.

"예수께서 불러다가 이르시되 이방인의 집권자들이 그들을 임의로 주관하고 그 고관들이 그들에게 권세를 부리는 줄을 너희가 알거니와 너희 중에는 그렇지 않을지니 너희 중에 누구든지 크고자 하는 자는 너희를 섬기는 자가 되고 너희 중에 누구든지 으뜸이 되고자 하는 자는 모든 사람의 종이 되어야 하리라"(막 10:42-44)

서로 봉사하며 사는 것은 창조질서다. 우주 만물은 서로 의존돼 있고 서로 돕는 관계에 있는데 이는 몸의 각 지체가 그러한 것과 같다. 서로 섬기며 살 때 풍성한 삶을 누리게 된다. 사랑하고 도우며 사는 것이 인생의 목적이고 행복이다. 이것이 또한 하나님 나라의 가치다.

2. 교회의 직분(Leadership)

교회의 건강성을 점검하는 두 번째 포인트는 리더십이다. 리더십이란 곧 직분자들의 자격과 그 수준을 일컫는 말이다. 한국교회는 교회 직분과 그 사역에 대한 성경적인 이해가 아주 시급한 상황이다. 왜냐하면, 교회의 직분이 인본주의화 되고 세속적인 리더십으로 왜곡되어 버렸기 때문이다. 교회의 리더십은 세상의 그것과는 완전히 다르다.

1) 교회 직분의 특성

(1) 그리스도의 주권과 직원의 임명권

교회의 모든 직분자들을 선택하시고 세우시는 분은 교회의 주인이신 그리스도다. 에베소서 4:11, "그가 어떤 사람은 사도로 어떤 사람은 선지자로 어떤 사람은 복음 전하는 자로 어떤 사람은 목사와 교사로 삼으셨으니"에서 "그"는 '내리셨다가 하늘로 오르신' 그리스도다.

세상에서는 주권재민(主權在民) 사상에 의해 지도자는 그 공동체의 구성원들이 선택하고 세운다. 민주국가에서는 그 나라의 대통령이나 국회의원들을 국민이 뽑아 세운다. 그러나 교회는 그렇지 않다. 뽑아 세우는 형식이나 방법은 민주적이지만 그 중심 내용은 완전히 다르다. 교회는 주권재민이 사상이 아니라 주권재주(主權在主)의 믿음 위에 세워진 공동체다.

그리스도는 하늘과 땅의 모든 권세를 가지신 분이다(마 28:18). 하나님은 사람들의 죄를 속량하시려고 죽기까지 복종하신 예수님을 지극히 높이셨다. "이러므로 하나님이 그를 지극히 높여 모든 이름 위에 뛰어난 이름을 주사 하늘에 있는 자들과 땅에 있는 자들과 땅 아래 있는 자들로 모든 무릎을 예수의 이름에 꿇게 하시고 모든 입으로 예수 그리스도를 주라 시인하여 하나님 아버지께 영광을 돌리게 하셨느니라"(빌 2:9-11)

바울 사도는 "만물이 그로부터 나오고 그로 말미암고 그에게로 돌아간다"(롬 11:36)고 하였고 또한 "그의(하나님의) 능력이 그리스도 안에서 역사하사 죽은 자들 가운데서 다시 살리시고 하늘에서 자기의 오른편에 앉히사 모든 통치와 권세와 능력과 주권과 이 세상뿐 아니라 오는 세상에 일컫는 모든 이름 위에 뛰어나게 하시고 또 만물을 그의 발 아래에 복종하게 하시고 그를 만물 위에 교회의 머리로 삼으셨느니라"(엡 1:20-22)라고 했다.

따라서 교회는 특별히 교회의 모든 직분자들에게는 그리스도가 자신과 교회의 주시라는 믿음이 아주 분명하고 확고해야 한다. 그리스도의 주되심에 대한 고백은 기독교 신앙의 가장 핵심적인 내용이다. 그리스도를 주님으로 믿고 영접함으로써 기독인이 되고, 그리스도의 주되심이 모든 삶의 영역에서 실천적으로 고백 될 때 그는 성령 충만한 사람이 되고, 그리스도의 주되심이 공동체 안에서 확립될 때 거기에 하나님 나라가 임하게 된다. 그리고 그리스도의 주되심은 교회를 통해 증언되고, 그리스도가 교회의 주되심으로 만물의 주되심이 선포된다.

그러므로 교회의 회원들은 범사에 그리스도의 주되심을 인정하고 그의 뜻을 살펴 순종하려는 믿음으로 접근해야 한다. 따라서 교회 직분과 관련하여 명심해야 할 것은, 교회에서도 회의하거나 투표하여 직분자를 선택하지만, 교회에서의 회의나 투표는 구성원들의 여론을 모으는 방법이 아니라 주님의 뜻을 찾는 방법이라는 사실이다. 곧 교회가 민주적인 방법을 통하여 그리스도의 뜻을 찾아 받듦으로써 그의 주권을 존중하며 순종하는 것이다.

구약시대에는 하나님께서 왕과 제사장과 선지자들을 직접 부르시고 세우셨다. 신약에서도 성령강림 이전에는 열두 사도의 빈 자리를 채우려 할 때 두 사람의 자격자들을 두고 제비뽑기로 결정했다. 그런데 성령강림 이후에는 이런 것들이 "선택"으로 바뀐 것을 볼 수 있다(행 6:5). 회중이 일곱 사람을 선택하여 사도들 앞에 세우니 사도들이 안수하였다고 했다(행 6:5, 6). 이후 선택을 통한 외적 부르심은 자연스럽게 교회에 정착되었는데, 이는 계시가 완성되고 성령께서 각 사람의 마음에 임재하심으로 누구나 성령의 인도하심을 따라 성경 말씀으로 하나님의 뜻을 분별할 수가 있다고 인정하였기 때문이다.

여기서 개혁교회와 로마천주교 사이에는 큰 차이가 있는데, 천주교는 교회의 의사결정에 사제들만 참여시키나 개혁교회는 교회의 모든 회원에게 의사결정권을 주고 있다는 점이다. 곧 교회 의사결정에서 개혁교회가 천주교보다 훨씬 더 민주적이다. 그러나 민주적인 방법에도 위험은 따르는데, 그것은 회원들에게 그리스도의 주되심에 대한 믿음과 경외심 그리고 성경 말씀에 대한 지식이 부족할 때 민주주의는 교회 세속화의 통로가 될 수 있기 때문이다. 교회의 교회 됨은 그리스도의 주되심에 대한 신자들의 신앙 수준에 달려 있다.

그런데 오늘날 이 신앙은 심각하게 훼손되었고, 따라서 교회의 직분자들에 의해 그리스도의 주권이 찬탈을 당하는 아주 두려운 일들이 흔하게 나타나고 있다. 목사나 장로들이 교회의 주인 노릇을 하고, 교인들은 자신들이 주인이라고 주장하며 서로 주도권 다툼을 벌이고 있다. 그래서 많은 목사들이 자기 아들에게 담임목사직을 세습하기도 하고, 어떤 목회자들은 말씀에 충성하기보다 대중들에게 아부한다. 그리고 교인 중에는 그리스도의 주권에 대한 경외심은 없으면서 민주주의라는 다수의 힘을 빌려 그리스도의 주권을 훼손하는 사람들도 있다.

이런 일들은 오늘날 교회 안팎에서 아주 공공연하게 일어나고 있는데, 그 대표적인 예가 "선거운동"이다. 교회에서 직분자를 선택하기 위해 공동의회(교인총회)가 공고되면 교인들은 은근히 여러 가지 방법으로 자신을 알리며 자신을 뽑아달라고 암암리에 선거운동을 한다. 심지어 음식물을 제공하거니 선물을 돌리는 경우들도 있다고 한다. 목회자 중에는 자기 교회 오면 장로나 권사 시켜주겠다고 하면서 교인들을 도둑질하는 사람들도 있다. 지금은 일반 정치권보다 교회가 더 타락한 모습을 드러내고 있다.

그래서 많은 교회가 선거 후유증에 시달린다. 낙선한(?) 교인들이 교회를 떠나기도 하고 분파가 생겨 갈등을 빚기도 한다. 그런데 이런 일에 목사, 장로들이 앞장 서 있다는 사실에 놀란다. 노회나 총회에서 총회장이 되거나 임원이 되기 위해 치열한 선거운동을 벌이고 있는 것이 현실이다. 심지어 금권선거운동까지 보편화되고 있는 상황이다. 이것은 윤리적인 범죄들에 비할 바가 아니다. 이는 그리스도의 주권에 대한 도전이며 반역적인 행위다. 알고 보면 참으로 무서운 죄악이다.

교회 안에 그리스도의 주되심(the Lordship)이 확립되어야 한다. 그리고 교회의 모든 직분자들은 자신을 뽑아 세우신 분이 교회의 주인 되신 그리스도이시라는 것을 믿고 오직 그에게 충성해야 한다. 그리고 범사에서 하나님의 선하시고 기뻐하시고 온전하신 뜻을 찾아 순종해야 한다.

이러므로 목회자가 교회에서 직분자를 세울 때 특별히 유의하여 교인들에게 그리스도의 주재권에 대한 신앙과 경외심을 상기시키고, 이를 지키기 위해 각별한 노력을 기울여야 한다. 목회자 자신이 먼저 교회의 주이신 그리스도께 충성하기로 거듭 다짐하고, 교우들과 함께 교회의 일꾼들을 세우는 일에 주님의 뜻이 나타나고 이루어지기를 기도해야 한다. 그리고 선거를 위한 절차와 방법 등에 대해서도 세심하게 살펴 처음부터 끝까지 올바르고 공평하게 진행되도록 감독의 책임을 다해야 한다.

예화 필자는 청년 시절에 부산에 있는 B 교회에 다녔습니다. 당시 김OO 집사님이 우리 청년부의 부장이셨습니다. 그는 청년들을 좋아했고 여러 면에서 우리들의 좋은 후원자가 돼주셨으므로 청년들도 그를 존경하며 좋아했습니다. 그러던 어느 해에 장로선택을 위한 공동의회가 있었습니다. 우리 청년부에서는 그 집사님이 틀림없이 선택될 것이라고 믿고 있었습니다. 그런데 아쉽게도 그는 한 표가 모자라서 탈락했습니다. 공동의회 사회를 하던 담임목사님이 투표결과를 발표하면서 김 집사님은 아쉽게도 한 표가 모자라서 2/3를 넘지 못했다고 하셨습니다. 그때 필자의 옆에 앉아있던 김 집사는 갑자기 "와, 하나님 용하시네"라고 중얼거렸습니다. 필자는 매우 궁금했습니다. '한 표가 모자라서 아쉽다는 말에 왜 하나님이 용하시다고 하는 것일까?'

회의가 끝나고 나오면서 나는 집사님의 옷자락을 잡아당기며 말했습니다. "집사님, 한 표가 모자라서 아쉽다는데, 왜 집사님은 하나님이 용하시다고 했어요?" 그때 집사님은 필자를 약간 구석진 곳으로 밀고 가면서 말했습니다. "정 선생, 교인들은 아마 내가 장로가 될 만하다고 생각하고 표를 많이 주었는지 모르지만, 모자라는 한 표는 누구 표인지 알아? 그건 바로 하나님 표야! 한 표가 모자라서 선택이 안 되었다는 말을 듣는 순간 하나님께서 내게 딱 말씀하시는 기야. '김 집사 너 알지? 장로 되기 전에 그 문제 해결해야 해!' 정말 놀랐어. 하나님은 다 아시고 계셨던 거야."

필자의 마음에는 지금도 그 장면이 생생하게 살아있습니다. 그

순간 뭔지 모를 감동과 은혜가 필자의 마음에 깊이 꽂혔던 것입니다. 몇십 년이 지난 후 필자가 그 교회 설립 60주년 기념사경회 강사로 갔습니다. 첫 시간 강단에 올라 청중을 바라보는데 뒷자리 한 곳에 머리가 허옇게 센 그 집사님이 앉아계셨습니다. 이미 은퇴를 하신 그 장로님을 보는 순간 필자는 눈시울이 뜨거워지며 가슴이 먹먹해졌습니다. 우리 선배들은 그랬었는데 말입니다.

(2) 명예가 아닌 멍에로서의 직분

주께서는 사람을 높여주기 위해 직분자들을 세우는 것이 아니라 봉사하게 하려고 세우신다. 예수님은 여기에 대해 많은 교훈을 주셨고 또 친히 본을 보여주셨다. 우리는 예수님의 생애와 가르침에서 교회의 리더십은 세상의 그것과 얼마나 다른가를 아주 확실하게 알 수 있다. 예수님은 리더십에 대한 세속적인 인식을 완전히 뒤집어놓으셨다.

구약에서도 교회 직분의 성격을 잘 보여주는 본문이 있다. 민수기 4장과 8장을 보면 레위인들을 성막의 봉사자로 세우는 위임식 내용(8:6-19)이 잘 나타나 있고, 또 거룩하게 세움 받은 레위인들이 하는 일이 무엇인가도 세밀히 말씀해주고 있다(4:1-33). 레위인들은 신약교회의 제직(諸織)이라고 할 수 있는데, 그들이 하는 일은 성막에서 봉사하는 일과 이동할 때 성막을 해체해서 그 짐을 지고 나르는 일이었다. 이렇게 교회 직분은 명예나 권세가 아니라 짐을 지우거나 일을 시키기 위해 메우는 멍에라는 것이다.

그러나 오늘날 교회에서는 성경이 가르치는 바와는 반대로 직분을 명예로 삼거나 심지어 육신적인 이익을 취하는 수단으로 이용하는 사람들도 늘어가고 있다. 직분자로 세움 받기를 원하는 사람들은 많으나 봉사하고 헌신하는 사람들은 점점 줄어들고 있다. 그리고 교회에서 명예직을 세우는 일도 조심해야 한다. 일부 교회들에서 보면 "명예 장로"나 "명예 권사"를 세우는 경우가 있는데, 이는 성직매매라는 오해를 받을 수 있을 뿐 아니라 교회 직분을 세속적으로 사용하는 잘못 된 일이다. "오직 하나님의 영광"을 모토로 삼은 개신교회에서 교인들에게 무슨 명예직을 부여한단 말인가.

그리고 필자는 교회 안에 원로직을 세우는 일도 삼가야 한다고 생각한다. 원로직(원로 목사, 원로 장로, 공로 목사, 공로 장로)을 반대하는 이유는 첫째 이것이 명예직처럼 여겨지고 있기 때문이다. "원로"라는 말 속에는 "어른"이라는 의미가 포함돼 있다. 그런데 그리스도께서 피 흘려 세운 교회에서 원로니 공로니 하면서 "논공행상"을 벌이듯 하는 일은 아주 조심해야 할 일이다.

둘째는 목사의 경우 한 교회에서 20년 이상 목회한 연수(年數)만을 조건으로 하여 원로 목사로 우대하는 것은 목사로서 누구나 거의 한평생을 헌신한 분들을 차별하는 결과를 가져오며, 셋째는 은퇴하신 분들이 이런 직분을 이용하여 실제로는 은퇴를 하지 않는 경우가 생겨나기 때문이다. 즉 은퇴한 목사가 상왕 노릇을 한다든지, 원로 장로가 시무 장로들의 의견이나 결정을 무시함으로써 당회의 권위가 서지 않아 교회가 어려움을 당하는 경우들이 종종 일어난다. 교회의 중요한 문제들에 대한 결정권을 사실상 원로 목사가 행사하고 있으므로 후임 담임목사가 목회를 제대로 할 수가 없고, 또 원로 장로들이 당회를 압박함으로써 교회가 무질서해지는 경우들도 있다.

예화 언젠가 필자는 어느 노회의 노회장으로부터 다음과 같은 내용의 전화를 받았습니다. 어느 교회에서 두 장로가 동시에 임직을 했는데, 주보나 요람에 이들의 이름을 올릴 때 누구의 이름을 먼저 올리는 것이 옳으냐는 것입니다. 곧 나이 많은 장로의 이름을 먼저 올려야 한다는 의견과 투표할 때 표를 더 많이 받은 장로의 이름을 먼저 올려야 한다는 의견이 맞섰다 합니다. 그 교회의 당회가 이 문제를 의논하다가 결정을 하지 못해 노회에 질의를 올렸는데 어떻게 대답하는 것이 합당하냐며 필자의 의견은 묻는 것이었습니다.

참으로 기가 막혔습니다. 낙타는 통으로 삼키고 멸치는 걸러 먹는다는 예수님의 말씀 그대로였습니다. 아니 이 문제는 언급할 가치조차 없는 문제가 아닙니까? 그런데 교회에서 왜 이런 것이 관심사가 될까요? 직분을 명예와 권세로 생각하기 때문입니다. 지구상에 마지막 남은 독재정권인 북한의 김정은 정권을 보십시오. 그곳의 서열은 칼날보다 더 예리하고 더 엄중하지 않습니까? 누군가가 말했습니다. "공자가 죽어야 교회가 산다."고.

(3) 은사로서의 직분

은사란 은혜로 주시는 선물이란 말이다. 우리의 구원이 하나님으로부터의 은혜의 선물이듯 교회의 직분 또한 그러하다는 것이 성경의 직분관이다. 베드로 사도는 "각각 은사를 받은 대로 하나님의 여러 가지 은혜를 맡은 선한 청지기 같이 서로 봉사하라"(벧전 4:10)고 하였고, 바울 사도는 "나는 사도 중에 가장 작은 자라 나는 하나님의 교회를 박해 하였으므로 사도라 칭함 받기를 감당하지 못할 자니라 그러나 내가 나 된 것은 하나님의 은혜로 된 것이니 내게 주신 그의 은혜가 헛되지 아니하여 내가 모든 사도보다 더 많이 수고하였으나 내가 한 것이 아니요 오직 나와 함께 하신 하나님의 은혜로라"(고전 15:9, 10)고 하였다.

"오직 은혜"의 교리는 기독교의 중심교리요 다른 자연종교들과 구별되는 특성이다. 우리가 죄와 사망에서 속량함을 받은 것도 오직 은혜요, 우리가 지금 살고 있는 것도 은혜이며, 하나님 나라의 청지기로 부름을 받은 것도 은혜로 되었다. 우리의 노력이나 의나 공로로 된 것이 아니다. 자격이 갖추어지고 그럴만한 수준이 되고 업적이 있어서 된 것이 아니라는 말이다. 주께서 그의 사랑 가운데서 우리를 "충성 되이 여겨 직분을 맡기신"(딤전 1:12b) 것이다. 전능하신 주님께서 모든 것을 다 하실 수 있으나 우리를 사랑하셔서 우리를 당신의 동역자로 불러주셨다. 이렇게 직분은 은사로 주어진 것이기 때문에 직분자는 언제나 겸손해야 한다. 오직 은혜로 되었다는 것을 잊으면 그때부터 문제가 생긴다. 자기의 공로를 드러내고 자랑하며, 그것들을 자기의 권력으로 삼으면 그때부터 섬기는 자가 아니라 섬김을 받는 자가 된다.

그리고 직분자는 무엇보다 은혜 생활을 잘 해야 한다. 기도와 말씀, 예배와 성도의 교제 등 은혜의 방편들을 적극적으로 활용해서 은혜를 받아야 하고 성령의 능력과 지혜를 덧입어야 한다. 왜냐하면 우리에게서는 무슨 선한 것이 나올 수가 없고 "온갖 좋은 은사와 선물이 다 위로부터 빛들의 아버지께로부터 내려오기"(약 1:14a) 때문이다. 우리는 오직 위로부터 오는 은혜를 받아야 다른 사람들에게 은혜를 끼치고 은혜를 흘려보낼 수 있다. 마음이 은혜로 윤택해져 있을 때 말 한마디라도 은혜롭게 할 수 있다. 그러므로 은혜 생활을 제대로 하지 못하는 사람이 직분만 가지고 설치면 틀림없이 시험에 들게 되고 다른 사람들까지 시험에 들게 만드는, 교회의 말썽꾼이 될 수 있다.

예화 필자는 군 복무 중 군종과에서 일을 시작하면서부터 필자의 "마에가리 인생"이 시작되었습니다. 우리가 어릴 때 마에가리란 이 일본말은 아직 봉급 때가 되지 않았는데 특별한 사정으로 봉급 일부를 미리 받아갈 때 사용되었고, 군에서는 정식 진급이 되기 전에 진급될 계급장을 미리 달 때도 이 말을 썼습니다. 필자는 보병 중대에 소속되어 복무하다가 군종과로 발령을 받았는데 발령이 났을 때 필자의 계급은 일병이었습니다. 그런데 당시 우리 부대의 군목님은 군종병들에게 모두 병장 계급장을 달고 근무하도록 지시하였습니다. 그때는 군목의 수가 적었으므로 손이 모자라서 군종병들이 군 교회에서 예배도 인도하고 설교도 했습니다. 그런데 일병 계급으로는 권위가 없으니 병장을 달라고 한 것입니다. 계급 사칭은 군법 위반이었지만 우리는 모두 좋아라며 병장 계급장을 달고 사역을 했습니다. 필자는 일병에서 갑자기 병장이 되었는데 이게 바로 "마에가리 병장"이었습니다. 그리고 필자는 자신이 마에가리 병장이라는 사실 때문에 양심의 가책과 함께 늘 조심스럽게 행동해야 했습니다.

군 제대 후 신학 공부를 마치고 34세에―친구들보다는 좀 늦은 나이였다―목사안수를 받았는데, 안수식 때 필자는 많이 울었습니다. 나 같은 사람이 목사가 된다는 것이 한편으로는 감동적이었고, 다른 한편에서는 황송하였습니다. 그러면서 군에서 마에가리 병장으로 교회 일을 했던 것이 생각났습니다. "그렇구나. 내가 목사가 된 것도 역시 마에가리구나!" 전에 교회 청년부에서 같이 활동했던 친구들은 당시 대부분 서리 집사들이었습니다. '그러니 내 친구들은 서리 집사의 자격밖에 없어서 집사가 된 것이고 나는 목사로서의 인격과 신앙과 지식과 경건, 이런 자격과 능력을 갖추었기 때문에 목사가 된 것이란 말인가?' 아닙니다. 필자가 목사가 된 것은 역시 주님의 은혜였던 것입니다. 마에가리란 말을 이 상황에 적용해서 번역하면 바로 "은혜"란 말이 아니겠습니까!

2) 교회 직분의 종류와 사역

전통적으로는 교회 직분을 특수 교역직과 일반 교역직으로 나누었다. 특수 교역직은 목사나 신부와 같이 교회 안에서 교회중심으로 특수한 영역에서 사역하는 직분자라는 뜻이고, 일반 교역직은 신자들이 일반 사회에서 하나님 나라의 일꾼으로서 복음적인 사역을 하는 사람들이라는 의미에서 붙여진 이름이다. 주로 천주교에서 사제와 평신도를 구별한 분류라고 할 수 있다. 따라서 이런 구별은 개신교의 직분론과 맞지 않다. 그래서 필자는 전문 교역직과 협력 교역직이라는 용어를 사용한다. 전문 교역직은 목사와 같이 교역에 전무하는 직분을 말하며 협력 교역직이란 장로·집사와 같은 직분자를 말하는데, 곧 장로와 집사는 전문으로 교역을 하는 사람은 아니나 전문 교역직인 목사와 협력하여 함께 교역을 하는 직분자라는 뜻이다.

장로교에서는 교회 직분을 크게 두 가지로 분류한다. 항존직과 임시직이다. 항존직이란 교회에는 "언제나 있는 직분" 혹은 "항상 있어야 할 직분"이란 뜻으로 붙여진 명칭이다. 장로와 집사가 여기에 속한다. 장로에는 목사와 (치리)장로의 두 반열이 있다. 그리고 임시직이란 항존직의 직무를 돕기 위해 임시로 세우는 직분이다. 대표적인 임시직은 서리 집사다. 이런 직분 외에도 전도사, 권사 등의 직분들이 있고, 직분의 명칭도 교파에 따라 다를 때도 있다. 그런데 개신교에서 가장 일반적인 교회 직분의 종류는 목사, 장로, 집사이다.

(1) 장로

장로라는 명칭 속에는 목사와 장로가 다 포함되나 여기서는 협력 교역직인 장로에 대해서만 서술하려 한다. 목사직에 대해서는 제3권에서 다룬다. 필자는 한국교회에서 아마 장로직만큼 그 직무가 왜곡된 직분이 없다고 생각한다. 장로직은 목양직이다. 구약시대나 신약시대나 장로는 회중과 관계돼 있고, 회중의 영적인 지도자다. 특히 신약에서는 감독, 목사, 장로가 다 동의어처럼 사용되고 있고 모두 목회자를 지칭하고 있다(딛 1:5; 행 20:28). 칼빈은 감독이든, 장로든, 목사든 모두 "교회의 교역자들(the ministers of the church)"이라고 했다(이형기 「교회의 직제와 평신도론」 장로교신학대학출판부).

그런데도 장로들 자신부터 장로는 교회를 관리하고 감독하는 행정적인 직분으로 알고 대부분이 그런 자리에 머물고 있다. 장로교 헌법에는 장로의 직무가 무엇인가를 구체적으로 밝혀놓고 있다. 대개 비슷하나 예장 고신의 경우는 아래와 같다.

1. 목사와 협력하여 행정과 권징을 관리하는 일.
2. 교회의 영적 상태를 살피는 일.
3. 교인을 심방, 위로, 교훈하는 일.
4. 교인을 권면하는 일.
5. 교인들이 설교대로 신앙생활을 하는 여부를 살피는 일.
6. 언약의 자녀들을 양육하는 일.
7. 교인들을 위해 기도하고 전도하는 일.
8. 목회에 필요한 제반 사항을 목사에게 상의하고 돕는 일.

위 8가지 내용은 거의 모두가 목양에 관한 것들이다. 그러나 실제로는 그 반대다. 장로가 목양직이 아니라 관리직이 돼 버렸다. 아마 1번에서 "행정과 권징을 관리하는 일"이 그 근거가 된 것 같다. 사람들은 누구나 보이는 일의 관리자가 되는 것을 좋아하기 때문이다. 심지어 장로가 스스로 목회자의 협력자가 아닌 교회의 주인으로, 교회의 재산을 관리하고, 직원의 인사를 관장하며, 나아가 목사를 견제하고 감독하는 자로 인식하고 있는 경우도 많다. 목사와 장로는 영적으로 도덕적으로 서로를 감독하고 보호함으로써 악으로부터 자신과 교회를 지켜야 한다. 이것은 목사와 장로 모두에게 주어진 의무이지 장로에게만 주어진 권한이 아니다.

반대로 장로에 대한 일부 목사들의 잘못된 인식은 더 심각하다. 목사는 성직자이고 장로는 평신도이며, 목사는 양들의 목자이지만 장로는 양들의 대표이고 그래서 '다루기 힘든 염소' 정도로 생각하는 목사들도 있다. 그들은 장로를 목회의 동역자로 생각하지 않으며, 장로들이 교인들과 개인적으로 접촉한다든지 어떤 면으로든 영향을 끼치는 것을 경계한다. 따라서 목회자가 장로들에게 목양에 협력하거나 목양을 할 수 있도록 장(場)을 마련해주지 않기 때문에, 장로의 직무가 당회에 참석하는 일과 공중예배 때 대표기도를 하는 정도로 아주 축소되는 경우가 많다.

결과적으로 교회에 주어진 귀중한 은사[직분]를 소홀히 함으로써 교회가 영적으로 얼마나 큰 손실을 당하고 있는지 모른다. 성경이 보여주는 장로직을 회복해야 한다. 담임목사에게 부교역자들만이 동역자가 아니다. 장로들이 여러 면에서 훨씬 더 좋은 동역자이다. 유머처럼 하는 말들이지만, 그들은 사례비도 안 받을 뿐 아니라 오히려 돈을 내면서 봉사하는 일꾼들이지 않은가.

필자의 경우 장로직에 대한 인식이 목회경험으로 쌓이면서 서서히 바뀌었고, 장로의 직분을 재발견하면서 목회에 큰 변화가 왔고 많은 유익도 얻었다. 그리고 필자가 장로의 직무에 대해 공부하고 깨달은 대로 여러 가지 방법으로 여러 가지 모양으로 가르치고 설교하였으며, 천천히 이를 목회현장에 적용하였다. 장로들이 교회당이나 시설, 그리고 재정보다 교인 즉 영혼과 생명에 더 관심을 두도록 유도하였는데, 먼저 주일학교를 담당시키고 새 가족 교사로서 양육하는 일에 봉사하도록 하였다. 그리고 가정교회로 전환하면서는 장로의 직무를 본격적으로 수행할 수 있도록 제도와 조직을 정비하였다.

먼저 한 일은 교회 행정에서 실행과 감독을 구별한 일이다. 실행부서인 제직회 부서장은 집사와 권사들에게 맡기고, 장로는 고문을 맡아 도우며 감독하는 일을 하게 하였다. 그리고 주로 장로들로 구성된 감사위원회를 상설로 두어서 실행 부서들을 언제나 감사할 수 있도록 하였다. 감사를 통해 집행부서에서 당회가 세운 정책들과 예산을 잘 수행하고 있는지를 살피고 돕는다.

필자의 교회에서 장로들이 수행하는 주된 사역은 목장[구역]사역이다. 우선 목장을 맡아 교인들을 직접 교제하고 섬기며, 동시에 일정한 규모의 교구—우리는 5~7개 목장들을 묶어 초원이라고 부른다—를 맡아 협력목회자로 사역을 한다. 담당한 교구[초원]의 교인들을 돌아보며 그들을 위해 기도하고 심방하며 상담도 한다. 기도는 시간을 정해놓고—주로 새벽기도회에 참석하여 일주일에 두세 번 이상, 그리고 30분 이상 자신이 맡은 교인들을 위해 기도한다.

그리고 초원에 속한 교인들의 형편을 살피고, 주일예배 출석 여부도 살피며, 형편에 따라 심방이 필요하다고 판단되면 목자가 심방을 하고, 목회자의 심방이 필요하다고 생각되면 이를 알리고 주선한다. 장로가 이렇게 작은 목회자가 되어 목양사역을 하니 우선 교인들과 아주 친밀해진다. 또 교인들을 구체적으로 섬기니 교인들의 사랑과 존경을 받는다. 그리고 맡은 목장이 부흥하여 분가하게 되는 경우도 많다. 필자가 섬기던 향상교회의 경우 장로들 대부분이 두세 목장들을 분가시켰다.

다른 교회에 가서 이런 사례를 소개하면, 장로들이 매우 힘들겠다고 생각한다. 그동안 장로의 본래 직무를 떠나 제직회 부장과 같은 단순한 관리직을 맡아 쉽고 수월하게 봉사해오다 보니 성도들을 직접 섬기는 일이 힘들고 복잡하게 느껴질 수 있을 것이다. 그러나 생각보다 힘들지 않다. 관심의 문제다. 행정이나 관리에 두었던 관심을 사람에게로 돌이키면 된다. 어디든 마음을 두면 거기에 기쁘게 헌신할 수 있다. 잠언서 기자는 "네 양떼의 형편을 부지런히 살피며 네 소떼에게 마음을 두라"(잠 27:23)하였다. 목사나 장로나 교회의 지도자들은 교회당이나 교인수와 같은 물량에서 마음을 돌이켜 영혼에 집중해야 한다. 교회의 존재 목적은 영혼 구원하여 제자 삼는 일이다. 아래 간증은 향상교회 장로들 중 한 분의 것이다.

예화 "… 제가 소속된 초원은 6개 목장, 36가정, 116명(어른 64명, 자녀 56명)의 식구를 가진 조그마한 규모입니다. 지역은 용인시 처인구 전역에 걸쳐 있으며, 변두리 농촌 지역까지 포함하고 있습니다. … 저희 초원은 우리 교회가 가정교회를 본격적으로 시작하기 전인 교회설립 때부터 이미 다락방이란 이름으로 부부들의 모임이 시작되었습니다. 그러다가 한 개의 다락방이 두 개, 세 개로 늘어 오늘에 이르렀습니다. 비록 체계적인 교육이나 운영 기준을 세우지는 못했지만, 그동안 한 가족 같은 친밀감을 가지고 모여 예배하고 삶을 나누었습니다. 그러면서 관심과 배려, 이해와 신뢰로 뭉쳐 주님의 사랑에 이르고자 노력하였습니다.

목자나 초원지기 같은 호칭보다는 부모형제 같이, 아버지나 할아버지같이 격의 없는 관계를 맺기 위해 힘썼습니다. 사실 이렇게 말은 쉽게 하지만, 친밀감을 가지고 접근해서 호의적인 반응을 얻기까지는 그리 쉽지 않았습니다. 그리고 주님께서 대계명으로 주신 사랑이라는 엄숙한 단계에 이르기까지는 아직도 멀었다는 생각입니다.

먼저 상대방이 처한 삶의 모든 환경을 모두 알아보는 관심이 우선이라고 생각합니다. 이름은 물론 나이, 직업, 사회적 배경, 가족 관계, 경제적 형편, 믿음의 정도, 고민하며 기도하는 내용 등등, 모든 자료를 목자와 목녀들을 통해 가능한 한 상세히 알아보았습니다. 그리고 이러한 관심은 저의 기도 제목과 연결되고, 매일 매일의 기도 생활에 하나하나 적용이 되었습니다.

특별히 고통스러운 난제들을 안고 있는 몇몇 가정들에는 참으로 집중적인 기도가 필요했습니다. 그리고 저가 여기서 확실하게 얻은 교훈은, 아무리 어려운 문제 가운데 있는 형제자매들일지라도 자신을 위해 누군가가 기도해주고 있다는 사실이 그들에게 큰 격려가 된다는 사실입니다. 또 중보기도자에 대한 깊은 신뢰도 형성됩니다. 여간해서 마음의 문을 열지 않았던 이들도 아직 친밀하지도 않은 중늙은이인 제가 미소를 지으며 다가가 매일 그들을 위해 기도하고 있다는 사실을 밝히고 믿음과 기도로 난관을 헤쳐 나갈 것을 권면하면, 거의 대부분 눈시울을 붉힙니다. 이것은 성령의 은혜입니다. 그저 감사할 따름이지요.

아마 이런 것들이 제가 장로 임직 후 꿈꾸었던 목양 장로의 역할 비슷한 것이 아닌가 생각합니다. 자주 만나보지는 못하지만, 주일마다 예배 때마다 가족들을 찾아 악수로, 어깨 두드림으로, 어린아이들에게는 포옹으로, 머리 쓰다듬음으로 격려하고 위로해주는 일들입니다. 멀찍이서 보게 되면 손이라도 흔들어서 가까이서 만나지 못하는 아쉬움을 대신하곤 합니다. 또 각부 예배의 중간시간마다 이곳저곳 옹기종기 모여앉아서 보온병에 준비해온 따뜻한 차와 간단한 다과를 나누는 장소마다 찾아가서 못 다한 인사를 하곤 합니다. … (중략)

그러나 위와 같은 개혁적인 일들은 매우 신중하게 진행해야 한다. 어떤 목회자들은 필자의 이런 간증을 듣고 바로 가서 당신 교회에도 적용하려다 실패하고 장로들과의 관계만 나빠진 경우가 있다. 교회가 오랫동안 관행으로 해오던 일을 바꾸는 일은 참으로 어렵다. 그런데도 필자가 그렇게 할 수 있었던 것은 '이것이 성경적으로 옳다'라는 확신이 있었기 때문만은 아니다. 2-30년 동안 가르치고 설교한 목회의 결과다. 그러므로 2-30년 동안의 과정을 거쳐 실행한 일들을 하루아침에 적용하려는 우를 범하지 말아야 한다. 교회갱신을 원한다면 먼저 교회론과 직분론을 공부하여 확실한 지식을 가져야 하고, 이를 꾸준히 가르쳐 동역자들과 교인들의 동의와 지지를 얻어야 한다.

(2) 집사

신약성경에서 집사란 명칭은 디아코노스(diakonos)다. 이는 디아코니아(diakonia)에서 온 말이다. 디아코니아의 일반적인 번역은 "봉사"인데 음식을 나누어주는 식탁 봉사가 그 본래의 의미다. 또 가장 가까운 의미의 다른 말은 청지기라고 할 수 있다. 장로라는 명칭이 고대의 일반 사회에서 일찍부터 사용되었던 것처럼 집사 곧 청지기란 명칭도 그러했다. 이 명칭은 신약 교회에서도 자연스럽게 사용되었다.

성경적인 근거로서는 회막에서 제사장들을 도와 봉사하도록 구별되었던 레위인들을 들 수 있다. 레위인들은 오늘날 제직(諸職)들이라고 할 수 있는데, 천주교에서는 이를 적용하여 사제와 구별되는 부제(副祭)를 세웠다. 집사라는 명칭이 교회에 공식적으로 들어오게 된 것은 사도들이 구제를 위해 일곱 명의 일꾼들을 세우면서부터다. 성령강림 후 신약교회가 세워지면서 교회의 창설직원—항존직과 구별하여 붙인 명칭—으로 불리는 사도와 선지자들 외에 처음으로 일곱 명의 직분자들이 세움을 받는데, 그들의 주 임무가 구제하는 일이었고 따라서 당연히 재정 출납을 맡게 되었으므로 집사가 교회의 공식적인 직분으로 자리를 잡게 되었다.

한글 개역 개정판은 사도행전 6장 1절에서 디아코니아를 "구제"로 번역했고, 2절에 동사로 나온 디아코네인(diakonein)를 "접대하다"로 번역했다. 그러면서 "접대"를 "재정출납"으로도 번역할 수 있다고 각주를 붙였다. 이로 보아 사도행전의 저자가 이 일곱 명의 일꾼들을 집사로 칭하고 있지는 않지만, 이들이 항존직으로서의 집사 직분의 근거와 시작이 되었음은 분명하다. 따라서 집사는 청지기로서 기본직무는 교회의 재정 관리라고 할 수 있고, 이런 직무의 확장으로 교회의 사무와 행정 등 좀 더 실무적인 일들의 집행을 맡은 직분자라고 할 수 있다. 여기서 장로와 집사의 직무상 차이가 무엇인가를 정리해 볼 수 있는데 곧 장로는 목회자와 더불어 목양하는 사역자이고, 집사는 목회자를 도와 교회의 실무적인 제반 일들을 관리하는 사역자다.

그런데 장로나 집사나 무슨 직분자든지, 또 설사 공적인 직책은 아무것도 맡지 않은 신자라 할지라도 우리는 모두 대사명의 부름 아래 있다는 사실을 잊어서는 안 된다. 대사명의 성취는 모든 사역자들의 사역 목표일 뿐 아니라 교회의 존재 목적이기도 하다. 교회의 모든 직분과 은사는 대사명을 이루는 일에 초점이 맞춰져 있음을 명심해야 한다.

그러므로 비록 교회의 여러 가지 사역에 유능하고 충성된 직분자라 할지라도 영혼 구원하여 제자 삼는 일에 무관심하고 이 일에 헌신하지 않는 사람이라면 그를 충성된 교회의 일꾼이라고 할 수 없다. 생각해보라. 주님께서 가장 중요하게 여기고 맡기신 사명에는 별 관심이 없고 열매도 없으면서 부차적인 일들에 열심을 낸다 한들 과연 그를 하나님 나라의 신실한 일꾼이라고 할 수 있겠는가? 대계명에 순종하고 대사명에 충성하는 사람이 참으로 "착하고 충성된 종"이다.

3. 공동체인 교회(Fellowship)

* 이하의 내용은 필자의 목회학 박사학위 논문 〈교회 공동체를 위한 소그룹 목회 전략〉과 최영기 목사의 저서 「구역을 가정교회로 바꾸라」를 참고하여 정리한 내용이다. 필자는 가정교회가 개혁 교회의 유일한 대안이라고는 생각지 않는다. 그러나 성경이 보여주는 교회다운 교회를 세우기 원하는 목회자들에게 가장 구체적이고 분명한 모델이 되리라고 확신한다.

펠로우십이란 교회가 얼마나 서로 일치하고 연합돼 있느냐는 것이다. 즉 성도의 교제가 얼마나 제대로 이루어지고 있으며, 교인들이 영적인 가족으로서의 삶을 얼마나 공유하고 있느냐는 것이다. 교회의 공동체성은 교회의 교회다움을 보여주는 가장 중요한 특성이다. 그런데 이 문제에 있어서도 한국교회는 너무나 낮은 수준에 있다. 성도가 서로 만나고 친밀한 교제를 나누고 삶을 공유한다는 면에서 보면 거의 바닥에 있다고 할 수 있다. 심지어 교인 중에는 주일예배에 참석하는 것 외에는 어떤 모임이나 교제에도 참여하지 않을 뿐 아니라 일부러 이를 회피하는 사람들도 있다. 교회는 공동체다. 교회는 그리스도의 몸이요 신자들은 그 몸의 지체다. 그런데도 그리스도의 공동체 속에 들어오기를 꺼리는 사람이 있다면 그를 건강한 신자라고 말하기 어렵다. 또 이런 교인들이 다수를 이루고 있는 교회라면 역시 그런 교회를 건강한 교회라고 말할 수 없다.

특히 대형교회가 가지고 있는 가장 뚜렷한 약점 중 하나가 바로 이것이다. 대형교회일수록 숨어 지내듯이 조용하게(?) 교회 생활을 하는 익명 교인들이 많다. 이들은 교인들과 개인적으로 가까이 만나고 친밀한 관계를 맺는 일을 좋아하지 않는다. 심지어 사역자들의 목회적인 케어까지도 사양한다. 이렇게 돼버린 이유나 책임은 대부분 교회에 있다. 신뢰할 수 없게 된 교회의 리더십에 가장 큰 책임이 있다 할 수 있고, 성도의 교제 속에 들어왔다가 상처를 입은 경험 때문이기도 하다.

사도행전을 읽어보면 초대교회의 원형을 어느 정도 엿볼 수 있다. 오순절 성령강림 이후 사도들은 담대하게 복음을 전파하였고, 믿고 구원받는 사람들이 날마다 더하여졌다. 그들은 성전에서 함께 모이기도 하였고, 각 집에서 모여 떡을 떼고 삶을 나누면서 하나님을 찬미하였다. 가정교회의 시작이다.

교회가 탄생하자 이어 박해가 일어났다. 그러나 복음 전도의 강력한 불길은 약해지지 않았다. 가정에서 축출을 당하고, 소유를 빼앗기고, 감옥에 갇히고, 때론 순교까지 하면서도 영혼 구원하여 제자 삼는 위대한 사역은 장작불처럼 타오르며 도처에서 강력하게 진행되었다. 예루살렘에서 축출되거나 피난한 성도들은 유대와 사마리아와 이방 나라들로 흩어졌는데, 그들은 성령으로 불붙은 신앙인들이었음으로 가는 곳마다 불을 일으켜 복음 전도는 요원의 불길처럼 번져나갔다.

처음에는 교인들이 대부분 집에서 모였다. 정기적으로 함께 모일 수 있는 장소도 없었고, 그럴 수 있는 상황도 아니었기 때문이다. 먼저 믿은 가정에서 이웃들을 초청하여 말씀을 전하고 예배를 드렸다. 그래서 바울서신서에는 "000의 집에 있는 교회"란 말이 자주 등장한다. 집을 개방하여 교회를 시작하였고 거기서 예배와 목회가 이루어졌는데, 그것이 바로 가정교회였다. 물론 가정교회가 그때만 있었던 것은 아니다. 선교지에서는 지금도 거의 다 가정교회로 시작하고 운영된다. 우리나라에서도 초기에는 교인들이 가정집에서 모임을 가졌다.

1) 신약교회의 원형

유의해야 할 것은 가정교회가 초기 교회의 잠정적인 형태가 아니었다는 것이다. 선교 초기의 환경적 요인 때문에 일시적으로 존재했던 교회가 아니라 이는 교회가 가진 본질적인 형태라는 것이다. 가정은 사회를 구성하는 기본단위다. 교회는 그리스도의 몸(공동체)이다. 이 몸의 기본단위는 가정교회다. 예수님은 열두 제자들로 교회를 시작하셨다. 열두 제자들과 함께 그들의 집이나 어느 집의 다락방에서 모임을 가지셨다. 역시 가정교회의 시작이었다. 그리고 예수님은 큰 무리에게도 전도하시고 그들을 가르치시며 섬기셨지만 그의 사역의 중심은 열두 명으로 이루어진 제자 그룹에 있었다.

거듭 말하지만 가정교회는 특수한 상황에서 시작된 일시적인 교회 형태가 아니다. 신약교회의 원형이다. 지금도 가정교회는 교회의 중심에 있고, 주일에 모든 회중이 모이는 주일교회와 함께 교회의 한 축을 이루고 있다. 교회에는 예배와 교육의 기능이 강한 주일교회로서의 한 축이 있고, 삶의 나눔과 전도의 기능이 강한 가정교회로서의 축이 있다 (빌 벡헴, 「제2의 종교개혁」 도서출판 NCD). 이 둘은 함께 있어야 하고 그래야 건강하고 온전한 교회가 될 수 있다. 필자는 교회의 속성과 기능을 세 가지로 분류한다. 하나는 예배공동체, 다른 하나는 나눔공동체, 그리고 선교공동체. 가정교회는 이 세 가지 기능을 모두 가지고 있다.

2) 가정교회의 성경적 기초

(1) 하나님의 존재하심과 소그룹

하나님은 삼위일체의 신비 안에서 완전하신 분으로 존재하신다. 소그룹은 이 신비로운 하나님의 존재하심을 반영하고 있다. 하나님은 한 분이시면서 동시에 세 분이시다. 세 분 하나님은 하나의 공동체를 이루고 계신다. 창세기 1:1은 하나님께서 천지와 그중에 존재하는 만물들의 창조자이심을 선언하고 있다. 여기서 하나님은 엘로힘의 칭호로 기록되었다. 엘로힘은 복수형이다. 일반적으로 이를 장엄 복수라고 한다. 그러나 이 복수형은 처음부터 성경에서 말하는 하나님의 관념에 들어있는 복수이기도 하다.

하나님에 대한 복수형 칭호는 대명사에서도 나타난다. 창세기 1:26에서 "하나님이 가라사대 우리의 형상을 따라 우리의 모양대로 우리가 사람을 만들고…"라고 하였다. 여기서도 분명히 나타나는 것은 '상의(相議)하시는 삼위 하나님의 공동체'다. "하나님께서 그의 역사(役事)를 이루려고 하실 때 복수의 뜻으로 '상의(consultation)하시다'라고 나타나있다(Calvin's Commentary: Genesis, vol. 1., Wm. B. Eerdmans Publishing, 1948년). 따라서 소그룹은 하나님의 본성에 속해 있으며 하나님의 존재하심의 신비로운 양식(form)이다.

(2) 하나님의 인간 창조와 소그룹

삼위일체 하나님은 소그룹의 원상(原象)으로 존재하신다. 그리고 하나님은 사람을 창조하시되 그의 형상대로 창조하셨다. 하나님의 형상을 좁은 의미에서는 참 지식과 의와 거룩(엡 4:24; 골 3:10)을 말하나 넓은 의미에서는 영혼의 단순성, 영성, 불멸성과 이성적 도덕적 존재로서의 지, 정, 의 그리고 만물을 지배하고 다스리는 주권 등을 포괄한다.

그리고 하나님의 형상은 삼위일체 하나님의 본성을 포함한다. 하나님께서 사람을 지으실 때 인격을 가진 존재로 지으셨을 뿐 아니라 공동체로 만드셨다. 하나님의 창조는 아담과 하와를 이끌어 오셔서 둘이 연합하여 한 몸을 이루게 하심으로 완성되었다. 가정은 창조질서에 속하는 것으로 성부, 성자, 성령 하나님의 반영이다.

그래서 사람은 각각이 완전한 인격을 가진 존재이면서도 "독처하는 것이 좋지 못한" 존재다. 서로 연합하여 동거함으로 인간됨(humanity)을 이루고 풍성한 삶을 누리도록 지음 받은 존재다. 소그룹은 인간의 본질적인 요소다. 예수님은 제자들이 하나가 되기를 위해 기도하실 때 "아버지께서 내 안에 내가 아버지 안에 있는 것 같이 저희도 다 하나가 되어…"(요 17:21)라고 하셨다.

(3) 하나님의 구원과 소그룹

구원은 하나님의 구속적 목적 전체를 포괄하는 광범한 용어임을 우리는 알고 있다. 존 스토트는 이 구원이 개인적, 사회적, 우주적인 내용을 갖는다고 말했다.

첫째로 구원은 새로운 삶으로 시작된다. 대속적 죽음과 예수의 역사적 부활을 통해 믿는 자들이 속죄 받고, 새 생명을 얻는다.

둘째로 구원은 새로운 사회(society)로 확장된다. 왜냐하면, 성경에서의 구원은 개인적 개념이 아니기 때문이다. 구약에서도 그런 것처럼 신약에서도 하나님은 자신을 위해 한 백성을 부르시고 그 백성을 엄한 언약 때문에 그 자신에게 묶으신다. 그리스도를 통해 하나님과 서로에 대해 화해된 이 새로운 구성원은 모든 인종과 문화에서 모여들고 있다. 이 단일의 새로운 공동체—그리스도께서 창조하셨고 또 그 안에서 어떠한 장벽도 용납되지 않는 공동체는 복음의 핵심적인 부분이다.

셋째로 구원은 하나님이 어느 날 완성하실 새로운 세계를 포함한다. 나라와 족속과 백성과 방언들이 모여 하나님께 영광을 돌리는 완성된 하나님 나라다. 이 우주적 갱신 가운데 그리스도의 부활이 그 시작이요 보증이다(존 스토트, 『복음 전도와 사회적 책임』 두란노서원).

존 스토트가 정리하고 있는 구원의 이 세 가지 측면에 동의하면서, 필자는 그가 복음의 핵심적인 부분이라고 말하는 "새로운 사회"를 주목한다. 그리스도는 화목케 하는 자로 우리에게 오셨다. 하나님과 우리를 화목케 하시고 우리를 서로 화목하게 하셨다. "그는 우리의 화평이신지라 둘로 하나를 만드사 원수 된 것 곧 중간에 막힌 담을 자기의 육체로 허시고 법조문으로 된 계명의 율법을 폐하셨으니 이는 이 둘로 자기 안에서 한 새 사람을 지어 화평하게 하시고 또 십자가로 이 둘을 한 몸으로 하나님과 화목하게 하려 하심이라"(엡 2:14-16a)고 하였다.

본 회퍼는 그리스도 안에서의 우리의 하나 됨에 대하여 누구보다도 잘 설명했다(D. 본 회퍼 『신도의 공동생활』(GEMEINSAME LEBEN, 대한기독교서회). "그리스도인의 사귐은 예수 그리스도를 사이에 두고 사귀는 것이요, 예수 그리스도 안에서 사귀는 것을 말한다.... 우리는 예수 그리스도를 사이에 두고, 그리고 그의 안에서만 서로 연결되어 있는 것이다."

이 말은 첫째로 그리스도인은 누구나 예수 그리스도 때문에 다른 사람이 필요하다는 것이고, 둘째는 그리스도인은 누구나 예수 그리스도를 거쳐서만 다른 사람과 가까워질 수 있다는 것이며, 셋째는 우리는 예수 그리스도 안에서 영원 전에 택함을 받았고, 시간 안에서 용납과 영원히 하나가 되었다는 것이다.

그리스도의 화해 사역으로 새로운 공동체가 창조되었으니 이것이 곧 그의 몸인 그리스도의 공동체다. 우리가 거듭나 그리스도와 연합하여 한 몸이 되었다. 교회는 영적 가정이다. 에덴동산에서 타락하고 파괴된 가정의 회복이다. 하나님은 인간을 구원하시되 새로운 피조물로 만드시고 새로운 공동체를 만드셨다.

그리고 성령은 우리를 하나 되게 하신다. 우리에게 양자의 영을 주셔서 하나님을 "아바 아버지"라 부르짖게 하시며, 사랑의 은사를 주셔서 서로 사랑으로 하나 되게 하신다. 세상 문명은 하나님의 뜻을 역행하는 경우가 많다. 하이테크 문명은 계속 사람들의 접촉 관계를 떼어놓고 얼굴과 얼굴을 대하는 인간관계의 형성을 방해한다. 그러나 성령은 우리를 연합하게 하시고 교제케 하시는 분이시다. 연합과 교제가 바로 인간성의 회복이요 생명의 부요함이다.

(4) 예수 그리스도의 사역과 소그룹

소그룹 목회의 실제적인 예는 예수 그리스도의 지상사역에서 아주 분명하게 나타난다. 예수님은 많은 사람과 큰 무리에게 복음을 전파하시고 가르치셨으며 수많은 병자를 고치셨다. 그러나 예수님께서 행하신 사역의 중심은 열두 제자를 택하시고 훈련하신 일이다. "이에 열둘을 세우셨으니 이는 자기와 함께 있게 하시고 또 보내사 전도도 하며 귀신을 내쫓는 권능도 가지게 하려 하심이러라"(막 3:14, 15)하였으니 '자기와 함께 있게 함'을 가장 중요시했음을 알 수 있다. 얼굴과 얼굴을 대하는 개인 접촉과 긴밀한 만남, 삶의 공유는 소그룹에서만 가능하다. 예수께서는 열둘을 선택하셔서 제자그룹을 만드시고 이들과 함께 하시며 가르치고 훈련하셨다.

이 열두 제자는 야고보와 요한, 베드로와 안드레, 빌립과 바돌로매, 마태와 도마, 다른 야고보와 시몬, 그리고 두 유다로 두 사람씩 짝지어져 나타나는 것을 복음서들에서 읽을 수 있고, 또 열두 제자의 명단에서 네 사람씩 소그룹을 이루고 있음도 발견할 수 있다. 그리고 예수님께서 열둘 중에서 베드로와 야고보와 요한을 더욱 가까이하셨음은 잘 알려진 사실이다. 다음의 명단을 비교해 보면 소그룹의 모형을 발견할 수 있다.

마태 10:2-4	마가 3:16-18	누가 6:14-16	행전 1:12-13
베드로	베드로	베드로	베드로
안드레	야고보	안드레	요한
야고보(세)	요한	야고보	야고보
요한	안드레	요한	안드레
빌립	빌립	빌립	빌립
바돌로매	바돌로매	바돌로매	도마
도마	마태	마태	바돌로매
마태	도마	도마	마태
야고보(알)	야고보	야고보	야고보
다대오	다대오	시몬	시몬
시몬	시몬	유다	유다
가룟 유다	가룟 유다	가룟 유다	

예수님이 열두 제자를 먼저 전도하려 둘씩 보내셨고 나중에는 70인을 또 보내셨는데, 먼저 갔던 열두 제자들이 중심이 되어 70인 전도인들의 전도 훈련을 도왔을 것으로 짐작된다. 이렇게 하여 예수님은 소그룹을 통한 제자훈련과 사역의 모델을 제시하셨다.

제자들은 보고, 듣고, 느끼고, 거하고, 모든 것을 함께 하면서 치유를 경험하였고, 인간이 무엇이며 하나님과의 관계가 무엇인가를 배웠다. 예수님은 소그룹을 통해 제자들이 나사렛 목수의 아들인 자신을 주로 고백하게 했다. 그리고 그들을 변화시키셨다. 그들은 예수님과 함께 하며 가르침을 받고 귀신을 축출하는 권세를 받았다. 그들은 서로 함께 하면서 부딪치고, 배우고, 깨어지고, 사랑하게 되었다. 그리하여 저들은 예수님의 죽음과 부활의 목격자들이 되었고, "제자 삼으라"는 사명을 받고 보냄을 받았다.

(5) 초대교회와 가정교회

이미 논술한 대로 사도행전은 성령강림 직후에 세워진 예루살렘교회의 모습을 생생하게 기록하고 있다. 구원받은 성도들이 사도의 가르침을 받아 서로 교제하며 떡을 떼며 기도하기를 전혀 힘썼고, 믿는 사람이 다 함께 있어 모든 물건을 서로 통용하고, 날마다 마음을 같이 하여 성전에 모이기를 힘쓰고 집에서 떡을 떼며 기쁨과 순전한 마음으로 음식을 먹었다고 했다.

사도행전과 바울 서신에 나타난 초대교회는 가정교회(house church)였다(행 16:11-15, 40; 롬 16:23; 고전 16:19; 골 4:15). 초대교회에는 성경이 없었다. 건물도 없었다. 적은 무리가 모였다. 그리고 아직 목사나 장로도 없었다. 그러나 그들은 잘 해 나갔다. "서로 교제하며… 다 함께 있어… 서로 통용하고… 마음을 같이하여… 모이기를 힘쓰고 집에서 떡을 떼었다." 초대교회는 그야말로 그리스도의 공동체로서, 교회의 본질적인 요소인 소그룹들이 가장 분명하게 그리고 가장 실제로 나타나고 경험된 교회였다. 예수님이 말씀하셨다. "두 세 사람이 내 이름으로 모인 곳에는 나도 그들 중에 있느니라"(마 18:20)

3) 가정교회의 쇠퇴

교회의 중심임과 동시에 하나의 축인 가정교회가 교인들이 많아지고 교회가 국가조직의 형태를 지니게 되면서 차츰 소홀히 여겨지다가 급기야는 그 존재의미마저 잃어버리게 되었다. 오순절 성령강림 이후 300년대까지를 우리는 초대교회라고 부른다. 이때까지는 교회가 교회다운 모습을 잃지 않았다. 물론 신앙고백과 신학이 정립되고 체계화되는 과정에서 혼란과 갈등이 있었고, 이단들이 일어나 복음을 혼잡케 하고 교회를 분열시키기도 하였다. 그리고 외적으로는 극심한 핍박이 끊이질 않았다. 산업을 빼앗기고 가족과 마을 공동체에서 쫓겨났으며, 감옥에 갇히고 때론 죽임을 당했다.

그럼에도 불구하고 복음 전도의 영적인 동력은 약해지지 않았다. 교회는 핍박을 받을수록 도리어 강해졌다. 당시 전도자들은 증인(martyr)이라 불렸는데 이 말은 나중에 순교자란 말이 되었다. 그들이 예수 그리스도께서 주신 대사명, 곧 영혼 구원하여 제자 삼는 일에 생명을 걸고 충성했기 때문이다. 그래서 나중에 로마의 콘스탄틴 대제가 기독교를 공인하고 기독인들이 숨었던 자리에서 나왔을 때 로마 시민의 절반이 기독교인이 되어있더라는 말이 나올 정도였다. 지하에 용암이 흐르듯 로마의 지하에서는 교회의 강한 생명력이 흐르고 있었던 것이다.

극심한 핍박 가운데서도 이런 생명력이 어떻게 유지되고 강해졌던 것일까? 몇 가지 내답이 있겠지만 그중에 가장 확신한 대답은 가정교회였다. 가정교회에는 따로 특별한 지도자도 시설도 없었지만 참으로 강한 공동체였다. 가정교회는 단순히 예배드리고 흩어지는 교회가 아니라 삶을 공유하는 공동체다. 특히 박해 시에는 생사를 함께 하는 운명공동체였다. 그러기에 강했다.

가정교회가 강하다는 것은 현대의 중국에서도 검증되었다. 중국이 공산화되면서 기독교는 로마제국에서 받았던 것과 비슷한 박해를 받았다. 교회지도자들은 숙청되고 교회당은 폐쇄되었다. 그리고 약 50년의 세월이 흘렀다. 기독교는 거의 없어진 것처럼 보였다. 그러나 중국이 개방되어 어느 정도 종교의 자유가 주어지자 공산화되기 전의 교인 수보다 훨씬 더 많은 교인이 나타나 세상을 놀라게 했다. 그동안 지하에서 복음이 계속 전파되어 교회가 성장해왔던 것이다.

이런 강력한 생명력을 가졌던 가정교회가 쇠퇴하기 시작한 것은 콘스탄틴 대제가 기독교를 공인하고 기독교가 로마 국교가 되면서부터다. 그때부터 신자와 불신자의 구별이 없어지기 시작하였다. 로마 시민은 모두 자동으로 기독교인이 되었기 때문이다. 교회는 사제중심, 건물 중심으로 바뀌었고, 사제는 권력자가 되었다. 그리고 전도를 하거나 제자 삼는 사역은 필요가 없었다. 따라서 복음도 자연히 변질되기 시작하였다. 구원은 회개하고 그리스도의 속량을 믿는 믿음으로 받는 은혜가 아니라 사제로부터 영세를 받는 것으로 이루어졌다. 교인들 간의 차이는 도덕 수준이었고, 금욕과 고행 등으로 얻어지는 영광(?)이었다. 그래서 인간의 노력과 공로가 복음을 대체하거나 복음의 능력을 제한시켰다.

중세 기독교는 세상이 보기엔 영광스럽고, 권세가 있고, 거룩하였으나 하나님이 보시기엔 허약하고 세속적이었다. 교회의 직제는 국가와 같았다. 교황이 있고 그 아래 계급을 따라 직분이 주어졌다. 교황은 로마 제국의 황제보다 더 큰 권세를 가진 때도 있었다. 따라서 교회는 사제와 평신도의 두 그룹으로 이원화되었다. 미사는 사제들이 거행하고 평신도들은 관객으로 전락하였으며, 목양사역도 당연히 사제의 몫이었다. 이것은 종교개혁이 일어나기까지 약 1,200년 동안 계속되었다.

4) 다시 일어난 가정교회운동

중세 로마천주교가 "하나의 정통교회와 하나의 신조"를 내세우며 가정교회와 평신도들의 사역을 없애버린 후 소그룹교회 곧 가정교회는 거의 사라졌다. 그러다가 종교개혁시대를 전후해서 미약하게나마 소그룹교회 운동이 가끔 일어났다. 로마천주교의 개혁을 주장하던 사람들이 탄압을 받으면서 지하에서 가정교회 형식으로 모일 수밖에 없었고, 그 후 경건주의자들에 의해 "경건 모임" 등으로 나타나기도 했다(빌 벡헴 「제2의 종교개혁」, 도서출판 NCD).

종교개혁자 루터가 예배에 대해 언급하면서, 복음 전도를 위한 예배는 공적인 예배와는 달리 가정에서 따로 드려야 한다고 주장하기도 했지만 가정교회로 발전시키지는 못했다. 짐존은 "아마 이런 작은 모임들은 자칫 당시 재세례파나 이단들에 의해 주도권을 빼앗길 수 있다는 우려 때문이었던 것으로 생각된다"라고 하였다(볼프강 짐존, 『가정교회』 국제제자훈련원). 그래서 사람들은 루터와 칼빈은 기독교의 내용은 개혁했지만, 형태는 개혁하지 못했다고 평가한다.

소그룹교회라고 부를 수 있는 셀은 존 웨슬리가 시작한 학습반이었다. 이는 새 신자들을 양육하기 위한 소그룹이었다. 이에 대해 하워드

스나이드 박사는 "학습반은 사실상 가정교회였습니다. 매주 주중에 한 시간 정도 가지는 이런 모임에서 각 사람은 자신의 영적인 진보를 보고하고 특별한 필요나 문제들에 대해 의견을 나누었습니다. 그리고 대부분의 회심은 바로 여기서 일어났습니다"라고 평가했다(짐존의 앞의 책에서 재인용). 그 후 이것은 속회로 발전되었다.

그리고 웨슬리는 속회의 지도자를 세울 때, 가난하고 교육을 받지 못했거나 훈련이 부족한 평신도라도 영적인 은사와 섬김의 열정을 가진 사람이면 세울 수 있도록 하였다. 당시로서는 매우 획기적인 일이었다. 이에 대해 짐존은 "루터가 소원은 했지만 시도해 보지 못한 것, 곧 보통 사람들이 하나님에 의해 특별하게 되고 가정교회의 구조 안에서 엄청난 일을 일으킬 수 있는 능력을 갖추게 된다는 것을 증명해 보였습니다"라고 말했다. 이런 일은 필자의 교회에서도 일어나고 있는 일이다.

교회 안에서 소그룹(혹은 셀) 운동이 다시 일어난 것은 1960년대였다. 이때는 일반 기업체들에서 소그룹을 도입하기 시작한 때이다. 그들은 수직적 상하 구조보다 수평적인 네트워크 구조가 생산성을 더 높인다는 것을 알게 되었고, 팀워크를 중시하였다. 교회들에도 교인들의 목회적 케어와 전도 그리고 양육을 위해 소그룹이 만들어졌다. 우리나라에서는 여의도순복음교회가 구역예배를 통해 성장과 부흥을 이룬 대표적인 사례다. 그러나 교회 내의 이런 소그룹들을 가정교회라고 말하기는 힘들다.

5) 가정교회와 셀 교회의 차이

　가정교회를 셀(구역과 같은 소그룹)과 동일시하는 사람들이 있지만, 셀과 가정교회는 다르다. 무엇보다 가정교회는 하나님께서 창조하신 가정의 본질과 그 질서를 존중하고 이를 적용하여 회복하는 것을 목표로 삼는다. 가정과 교회는 본질적으로 같다. 둘 다 언약의 공동체라는 것, 서로를 위탁하는 사랑과 은혜의 관계라는 것, 질서를 위해 남편을 가장(家長)으로 세웠다는 것, 자녀를 출산하고 양육한다는 것 등이다.

　따라서 가정교회는 가정 단위(부부)로 조직하며 그 리더를 가능한 남자로 세운다. 가정교회에서는 리더를 목자라고 부르는데, 목자의 아내를 목자를 돕는 사람이라고 해서 목녀(牧女)라고 칭한다. 그래서 부부가 함께 가정교회의 가족들을 섬기게 한다. 간혹 아내가 남편보다 신앙이 좋고 능력이 있어도 가능한 남편을 앞세우는 것을 원칙으로 하고 있다. 다만 남편이 초신자이고 아내에게 목자로서의 은사가 있으면 예외로 아내를 목자로 남편을 목부(牧夫)로 하여 목장을 섬기도록 하고 있다. 이 명칭들은 최영기 목사의 휴스턴 서울교회에서 시작되었다. 현재는 소그룹교회를 강조하고 있는 많은 교회들이 이런 명칭들을 그대로 사용하고 있다(최영기 「구역조직을 가정교회로 바꾸라」, 나침판 출판사).

　그리고 한편 가정교회는 셀이나 구역처럼 교회의 부속기관이 아니라 그 자체가 교회이고―가정교회들이 모여 이루는 연합교회에서 독립하면 그대로 한 개체교회가 될 수도 있기 때문이다―교회의 한 축이다. 이미 언급한 대로 빌 벡햄은 두 날개론을 제시한다. "하나님께서 두 날

개를 가진 교회를 창조하셨다고"라고 주장한다. 그의 주장대로 교회는 두 날개를 가지고 있다. 가정교회가 있고 가정교회들이 모여 이루는 연합교회가 있다. 베드로의 설교로 회심한 초대교회 성도들은 성전에서도 모이고 집에서도 모였던 것처럼 이 둘이 따로 떨어져 있는 경우도 있으나 같이 있어야 온전하고 강한 교회가 된다.

그러나 셀이나 구역은 그 성격이 가정교회와는 다르다. 이것들도 성도들의 모임이므로 영적인 공동체라고 할 수 있지만, 교회로서의 속성이 약하다. 조직할 때도 지역이나 나이, 성별, 직업, 모인 사람들의 공통적인 필요 등을 따라 하는 경우가 일반적이다. 그리고 셀이나 구역은 주로 성경공부나 친교, 사역 등을 목적으로 하지만 가정교회는 교회가 해야 할 모든 사역들을 포괄적으로 수행하며 특히 교회의 존재 목적인 영혼 구원하여 제자 삼는 대사명 수행에 초점을 맞춘다.

6) 하나님의 권속으로서의 가정교회

이미 앞에서 언급한 대로 중세로부터 시작된 제도적인 국가교회는 화려하고 웅장한 성당을 짓고 모든 시민이 다 모이는 대교회가 되었다. 로마제국의 시민이면 예수님을 알건 모르건, 믿든 안 믿든 누구나 무조건 교인이 되었다. 그러면서 신자는 신자다움을, 교회는 교회다움을 잃어버렸다. 복음도, 전도도 꼭 필요치 않게 되었다. 한국교회도 성장주의에 빠지면서 교회는 급격히 타락하고, 교인들은 교인다움을 잃어버렸다. 성장주의는 목사들이 탑을 높이 쌓아 이름을 내고 흩어짐을 면하자는 바벨탑 운동에 빠지게 했고, 교회는 거룩한 영성을 잃어버렸다.

이런 교회를 갱신하여 하나님의 권속으로서 진정한 가족공동체를 이루자는 것이 가정교회 세우기 운동이다. 우리가 교리로는 서로가 형제자매라는 것을 믿는다. 한 피 받아 한 몸 된 형제자매다. 그러나 그것은 교리 속에 들어있을 뿐 우리의 삶 속에는 들어 있지 않은 경우가 얼마나 많은가? 함께 살면서 아무것도 공유하는 것이 없다면 그게 무슨 형제이며, 가족인가? 입술의 고백과 실제의 삶이 일치하도록, 알고 있는 것과 생활 속에 나타나는 삶의 내용이 일치하도록 하자는 것이다.

인생은 관계다. 관계가 좋아야 생명을 얻고, 관계가 좋아야 행복을 누린다. 환경이 좋은 곳이 하나님 나라가 아니라 관계가 좋은 곳이 하나님 나라. 성공은 출세하거나 돈을 많이 벌어 부자가 되는 데 있지 않다. 돈은 많이 벌었는데 가족관계가 깨져 버렸다든지, 출세는 했는데 마음을 나눌 수 있는 진정한 친구가 없다든지 그런 사람이 과연 성공한 사람일까? 관계에 성공해야 진정한 성공이다. 교회는 이것을 추구하는 곳이다. 깨어진 관계를 회복시켜 생명을 얻고 더 풍성히 얻도록 하는 곳이 교회다. 그리스도 안에서 하나님과의 관계가 회복되고, 이웃과의 관계가 회복되는 곳이 교회다.

성령님은 이 일을 위해 오신 분이시다. 그리스도께서 원리적으로 회복시켜 놓은 관계를 실제로 회복시키고, 관계 속에서 행복한 삶을 누리도록 일하시는 분이시다. 그래서 축복할 때 "그리스도의 은혜와 하나님의 사랑과 성령의 교통하심이 함께 하시기를" 기도한다.

성령의 교통하심이란 말이 무엇인가? 교통은 말 그대로 교통이다. 장소를 연결해주고, 사람을 연결해주는 것이 교통이다. 버스, 기차, 비행기가 교통수단이고, 요즘은 이메일이나 핸드폰 등 SNS도 중요한 교통수단이 되고 있다. 성령님은 우리로 하여금 하나님과 교통하게 하고 이웃과 교통하게 하는 분이시다. 하나님과 통할 수 있도록, 사람들과 교통할 수 있도록 서로 연결해주시는 분이 성령님이시다. 성령 안에서 아름다운 관계가 형성되고, 가꾸어져서 깊고 친밀한 관계를 이룰 수 있게 된다.

7) 가정교회의 5대 원칙

가정교회의 기초가 되는 5대 원칙이 있다. 이것들은 성경 말씀을 근거로 해서 25년 넘게 가정교회를 세워온 휴스턴 서울교회 등 많은 교회에 의해 검증된 원칙들이다.

(1) 평일에 모인다

교회에는 두 가지 축이 있다. 하나는 회중이 함께 모여 하나님의 위대하심과 그 영광을 찬양하고, 말씀의 선포와 그 말씀에 순종으로 응답하는 예배 중심의 큰 공동체다. 다른 하나는 소그룹으로 모여 그리스도의 피로 한 가족 된 것을 실제로 고백하고 그 사랑을 실천하며, 거기에 임재하시는 하나님을 체험하는 나눔공동체이다. 전자는 주일에 모여 예배하고, 후자는 평일에 모여 삶을 나눈다. 주일에는 일상을 떠난 거룩함이 강조되고, 평일은 일상과 함께 하는 삶의 공유가 강조된다. 따라서 가정교회는 평일에 모이는 것이 원칙이다.

(2) 남녀가 함께 모인다

　이것은 창조의 질서다. 하나님은 남자와 여자를 지으셨고 서로 연합하여 가정을 이루게 하셨다. 교회는 범죄로 인하여 깨진 공동체를 회복시킨 영적인 가정이다. 가정은 남녀노소의 구별이 없다. 그러므로 목장은 남녀를 구별하지 않고 함께 모이는 것이 원칙으로 한다. 주로 남편이 믿지 않는 경우 아내들만 따로 모이는 경우가 있으나 이런 예외가 오래 가는 것은 옳지 않다. 배우자의 전도를 위해서라도 함께 모이는 것이 좋다.

(3) 불신자와 함께 모인다

　교회의 대사명은 영혼 구원하여 제자 삼는 것이다. 또 가정교회는 전도하기가 가장 좋은 구조와 분위기를 갖고 있다. 그러므로 전도를 위해 목장의 가족들은 반드시 자신의 전도대상자(VIP)를 정하고 그를 위해 항상 기도하며 기회 있는 대로 그들을 동반해서 목장에 참석하도록 노력해야 한다. 목장만큼 전도에 좋은 장소가 없다.

(4) 식탁교제를 나눈다

　모임이 계속되면 식탁 교제가 부담이 되는 경우가 있다. 식사준비 때문에 가정교회의 가족들을 자기 집으로 초대하는 것을 꺼리는 사람들도 생긴다. 그러나 가정교회에서의 식탁 교제는 다른 것으로 대체할 수 없는 모임의 필수내용이다. 식탁 교제는 우리가 한 가족인 것을 실제로 고백하고 실천하는 성찬식의 확장이라고 할 수 있다. 초대교회 성도들은 집에서 기쁜 마음으로 식사를 같이 하였다. 우리가 서로 형제자매라는 고백이 말만으로 끝나지 않도록 하는 데 있어서 식탁 교제 만큼 효과적인 방법을 찾기가 힘들다. 우리는 가족을 식구(食口)라고 한다. 역으로 말하면 같이 식사하는 사람이 가족이란 뜻이다.

(5) 가정교회의 모임의 중심내용은 삶의 나눔이다

가르치고 가르침을 받는 일은 주로 연합교회(가정교회들의 연합)에서 이루어진다. 가정교회는 가르침을 받은 말씀을 적용하고 순종하며, 그런 가운데서 받은 은혜와 체험한 것들을 서로 나누는 곳이다. 때로 이 삶의 나눔이 시시하게 여겨질지 모르나 이것이 우리가 모든 외식을 벗어나 진실한 믿음에 이르게 하고 삶을 변화시킨다.

교회를 교회 되게 하는 일은 이 시대의 절실한 과제다. 짐존은 다음과 같은 교회를 꿈꾼다고 말했다. "하나님이 고안하신 공동체로서 영생이라는 하나님의 선물을 가진 교회, 서로 제자가 되게 하고 예수님의 삶이 서로의 삶 속에 깊이 스며들게 하는 교회, 은혜를 경험하고 주의 만찬을 함께 하는 교회, 죄 용서의 감격과 기쁨이 있는 교회, 성령의 능력과 배움을 위한 자료들이 있는 그런 교회 말이다."(짐존의 같은 책)

하용조 목사는 그의 저서 『사도행전적인 교회를 꿈꾼다』(두란노)에서 사도행전 교회의 열 가지 특징을 열거하였다. 곧 성령으로 충만한 공동체, 예수의 삶을 사는 공동체, 날마다 기적이 일어나는 공동체, 고난 속에서도 복음을 전하는 공동체, 거룩과 성결과 정직을 추구하는 공동체, 평신도 리더를 세우는 공동체, 순교하는 공동체, 이방인을 품는 공동체, 땅끝까지 선교하는 공동체, 사도행전 29장을 계속 써 가는 공동체다. 그는 이것들이 자신의 목회철학의 기준이라고 했다.

필자도 30여 년 동안 목회를 하면서 교회다운 교회, 건강한 교회, 하나님께서 계시를 통하여 우리에게 나타내시고 보여주신 그런 교회를 찾아 세우고 싶다는 소원과 꿈을 가지고 살아왔다. 교회갱신을 위한 우리의 기도와 헌신은 결코 중단되어서는 안 된다.

4. 교회와 하나님 나라

> * 다음의 내용은 필자가 시무하던 교회에서 다섯 번에 걸쳐 설교한 내용이다. 여러 서적들과 주석들을 참고하고 인용하였으나 여기에 footnote를 일일이 달 수 없었다. 양해를 구한다.

교회는 하나님 나라와 직결돼있다. 온전해진 교회 공동체가 하나님 나라라고 할 수 있다. 여기서는 교회와 하나님 나라와의 관계를 살펴보려 한다. 이를 위해서는 먼저 하나님 나라를 알아야 한다

예수 그리스도의 가르침과 설교의 주제는 단연 "하나님 나라"였다. 복음서에는 "천국" 혹은 "하나님 나라"란 말이 100번 이상 나온다. 이 100번 이상 나오는 이 말의 대부분을 예수님이 사용하셨다. 예수 그리스도가 공적 사역에 나서시면서 첫 번째 한 설교의 주제가 바로 이것이다. 막 1:15 "때가 찼고 하나님 나라가 가까왔으니 회개하고 복음을 믿으라" 그리고 이어지는 그의 모든 사역과 가르침의 주제 역시 하나님 나라였다.

그가 병을 고치시고 귀신들을 쫓아내시면서 이것이 곧 하나님 나라가 임한 표적이라고 말씀하셨다. 그의 가르치신 수많은 비유는 하나님 나라에 대한 비유였다. 대부분의 비유가 "하나님 나라는 이와 같으니"라는 말씀으로 시작되고 있다. 그가 승천하시기 직전에 하신 마지막 말

씀의 주제도 역시 하나님 나라였다. 행 1:3 "그가 고난 받으신 후에 또한 그들에게 확실한 많은 증거로 친히 살아계심을 나타내사 사십 일 동안 그들에게 보이시며 하나님 나라의 일을 말씀하시니라"

그리스도는 하나님 나라가 무엇인지, 하나님 나라에 들어가려면 어떻게 해야 하는지, 하나님 나라의 백성들은 어떤 성품을 가져야 하며 어떻게 살아야 하는지를 가르치시고 전파하셨다. 하나님 나라는 교회의 확장이요 연장이라고 할 수 있다. 그리스도는 이 땅에 교회를 세우심으로 그의 나라가 이 땅에 임하는(마 6:10) 장(場)을 여셨다. 교회는 하나님 나라의 '에이젠트'와 같다. 그리스도는 교회를 세우심으로, 교회를 통하여 하나님 나라를 세우신다(마 6:33). 그리스도는 교회의 주가 되심으로 만유의 주가 되시고 만유를 충만케 하신다(엡 1:22-23).

1) 하나님 나라와 그리스도

우리가 하나님 나라에서 분명하게 알아야 할 가장 중요한 사실은 하나님 나라의 임금이 그리스도라는 사실이다. 하나님 나라는 그리스도가 주로 계신 나라이다. 하나님께서 그의 나라를 독생하신 아들 그리스도에게 이양하셨다. 곧 하나님 나라의 주권을 그의 아들에게 주셨다.

시 2:1-6 "어찌하여 이방 나라들이 분노하며 민족들이 헛된 일을 꾸미는가 세상의 군왕들이 나서며 관원들이 서로 꾀하여 여호와와 그의 기름 부음 받은 자를 대적하며 우리가 그들이 맨 것을 끊고 그의 결박을 벗어버리자 하는도다 하늘에 계신 이[하나님]가 웃으심이여 주께서 그들을 비웃으시리로다 그 때에 분을 발하며 진노하사 그들을 놀라게 하여 이르시기를 내가 나의 왕을 내 거룩한 산 시온에 세웠다 하시리로다"

이어 12절에서 "그의 아들에게 입맞추라 그렇지 아니하면 진노하심으로 너희가 길에서 망하리니…"라고 하셨다. 하나님의 아들이신 그리스도께서 모든 사람의 생사여탈의 절대권을 가지셨다는 말씀이다. 그리고 하나님께서는 그리스도를 그의 우편에 앉히셨다고 하셨고, 그리스도는 지금도 하나님의 우편에 앉아 계신다고 말씀하고 있다. 우편에 앉히셨다는 것은 그의 아들에게 모든 통치권을 맡기셨다는 것을 뜻한다.

바울 사도는 빌 2:9-11에서 "하나님이 그를 지극히 높여 모든 이름 위에 뛰어난 이름을 주사 하늘에 있는 자들과 땅에 있는 자들과 땅 아래 있는 자들로 모든 무릎을 예수의 이름에 꿇게 하시고 모든 입으로 예수 그리스도를 주라 시인하여 하나님 아버지께 영광을 돌리게 하셨느니라"라고 말씀했다. 그리고 예수님도 막 14:62에서 "…인자가 권능자의 우편에 앉은 것과 하늘 구름을 타고 오는 것을 너희가 보리라" 하셨고, 마 28:18에서는 "하늘과 땅의 모든 권세를 내게 주셨다"라고 말씀하심으로 이를 확인하셨다.

그러므로 하나님 나라는 그리스도를 믿고 그를 주님으로 마음에 모실 때 임하게 되고, 그는 그의 나라의 백성이 된다. 그리스도로 말미암지 않고는 그 누구도 하나님 나라에 들어갈 수 없다.

요 14:6 "예수께서 이르시되 내가 곧 길이요 진리요 생명이니 나로 말미암지 않고는 아버지께로 올 자가 없느니라"

요1서 5:12 "아들이 있는 자에게는 생명이 있고 하나님의 아들이 없는 자에게는 생명이 없느니라"

그러므로 우리가 하나님 나라를 구한다는 것을 여기에 적용하면, 우리가 그리스도를 구하는 것이라고 할 수 있다. 그리스도의 주권을 인정하고 그의 권위 아래 들어가서 그에게 순종하며 사는 것이 하나님 나라에 들어가는 것이고, 그렇게 함으로써 하나님 나라의 은혜와 복을 받아 누리게 된다.

2) 하나님 나라의 통치이념

통치이념이란 통치자나 어떤 통치체제가 가장 중요한 것으로 여기고 그것을 통치의 원리와 목적으로 삼고 있는 생각이나 사상을 말한다. 한 나라의 성격과 정체성은 바로 그 나라가 가진 통치이념에 의해 결정된다. 북한은 김일성 주체사상이 그들의 통치이념이다. 그러기에 인민들이 잘 살고 못 사는 것이 우선이 아니다. 김일성의 일가로 이루어진 체제를 수호하는 것이 최고의 목표이다. 인민들이 총포탄이 되어 "민족의 태양이신 수령님"을 사수하는 나라가 북한이다. 민주주의 국가의 특성은 무엇일까? 에이브러햄 링컨은 아주 간단히 핵심을 찔러 말했다. "국민의, 국민에 의한, 국민을 위한" 나라가 민주국가이다.

그러면 하나님 나라의 통치이념은 무엇인가? 하나님 나라의 왕이신 그리스도는 무엇을 가장 귀중히 여기고, 어떤 원리로 그의 나라를 다스리는가? 하나님 나라의 특성은 무엇인가? 하나님 나라의 이념은 의와 사랑이다. 의와 사랑으로 다스리는 나라가 하나님 나라요, 어디서든지 의와 사랑이 나타나고 의와 사랑이 온전케 될 때 그곳이 바로 하나님 나라이다.

시 89:14 "공의와 정의가 주의 보좌의 기초라 인자함과 진실함이 주 앞에 있나이다"

시 85:9-11 "진실로 그의 구원이 그를 경외하는 자에게 가까우니 영광이 우리 땅에 머무르리이다 인애와 진리가 같이 만나고 의와 화평이 서로 입맞추었으며 진리는 땅에서 솟아나고 의는 하늘에서 굽어 보도다"

우리의 왕이신 그리스도가 이 땅에 오실 것이고, 그에게서 인자와 진리가 만나고 의와 화평이 입 맞출 것이라 하였다. 곧 그리스도의 십자가에서 성취될 하나님의 구원을 예언하는 말씀이다. 십자가는 하나님의 의와 사랑을 동시에 성취한 신비롭고 오묘한 그리스도의 사역이다. 그리스도는 십자가로 하나님 나라를 세우셨다.

의와 사랑은 성경이 가장 강조하고 있는 주제이다. 그럴 수밖에 없는 것은 이것이 하나님의 대표적인 속성이기 때문이다. 하나님은 의의 하나님이시고 사랑의 하나님이시다. 하나님께서는 사람을 만드실 때도 당신의 형상대로 만드셨는데, 그 형상의 중요한 내용이 바로 의와 사랑이다.

미 6:8 "사람아 주께서 선한 것이 무엇임을 네게 보이셨나니 여호와께서 네게 구하시는 것은 오직 정의를 행하며 인자를 사랑하며 겸손하게 네 하나님과 함께 행하는 것이 아니냐"

그래서 의와 사랑은 인간의 양심의 저울이 되었다. 사람은 의롭게 살아야 떳떳하고, 사랑으로 살아야 행복하다. 그런데 사람들이 이것들을 잃어버렸다. 부패하여 순수함을 잃어버렸고, 왜곡되었다. 고장 난 저울처럼 되어버렸다. 그래서 사람들은 혼란 속에 빠졌고, 자기중심적으로 되었고, 온갖 비참과 고통이 인간에 들어오게 되었다.

(1) 의(righteousness)

성경에는 의나 공의란 말이 수없이 나온다. 의라는 말이나 공의라는 말은 같은 말이면서도 공의는 좀 더 공적이고 사회적인 의미를 강조하는 용어라고 할 수 있다. 이 말에는 크게 세 가지 내용이 들어있다.

첫째는 법적인 내용이다. 이 말이 법정에서 주로 사용되었는데, 판사가 사람들의 시비를 가려 줄 때나 혹은 혐의를 받은 사람의 죄를 찾지 못했을 때 사용되었다.

신 25:1 "사람들 사이에 시비가 생겨 재판을 청하면 재판장은 그들을 재판하여 의인은 의롭다 하고 악인은 정죄할 것이며"

둘째는 윤리적인 내용이 들어있다. 도덕적으로 심리적으로 정직함과 진실함을 표현할 때도 이 말이 사용되었다.

엡 4:22-24 "너희는 유혹의 욕심을 따라 썩어져 가는 구습을 따르는 옛 사람을 벗어 버리고 오직 너희의 심령이 새롭게 되어 하나님을 따라 의와 진리의 거룩함으로 지으심을 받은 새 사람을 입으라"

엡 5:9 "빛의 열매는 모든 착함과 의로움과 진실함에 있느니라"

셋째는 종교적인 의미가 있다. 구약에서는 하나님을 믿고 공경하며 언약을 지키는 자들을 가리켜 의롭다 하였다. 즉 경건한 신앙인들을 가리켜 의인이라 불렀다. 노아와 아브라함을 의인이라 불렀으며, 아브라함이 소돔과 고모라를 위해 기도할 때 "의인 10명만 있어도"라는 말을 했는데 여기서도 의인은 하나님을 믿고 경외하는 사람을 가리키는 말로 사용되었다.

특히 신약에서는 더욱 강한 종교적인 내용이 담겨있다. 여기서는 그리스도의 속량 사역으로 이루어진 의요, 그리스도를 믿음으로 죄 없다 함을 받아 얻은 의이다.

롬 3:24 "그리스도 예수 안에 있는 속량으로 말미암아 하나님의 은혜로 값없이 의롭다 하심을 얻은 자 되었느니라"

롬 3:22 "곧 예수 그리스도를 믿음으로 말미암아 모든 믿는 자에게 미치는 하나님의 의니 차별이 없느니라"

그러면 여기서 하나님 나라를 구하라는 것은 어떤 의미인가? 하나님과의 관계에서 그리고 이웃과의 관계에서, 그리고 우리의 삶의 모든 영역에서 의를 찾아 세우라는 말씀이다. 우리는 우리의 삶의 모든 영역에서 의가 실현되도록 의로운 삶을 추구하고 노력해야 한다. 우리는 범사에 정직하고 진실하고 정의로운 삶을 추구해야 한다. 그리고 이것이 단순히 개인이고 심리적인 차원에만 머무는 것이 아니라 공적인 차원에서의 정의를 세우는 일에 열심과 책임을 다해야 한다.

일반적으로 우리 같은 보수적인 교회나 신자 중에는 착한 사람들이 많지만, 사회적이고 공적인 책임이라는 차원에서 의를 세우는 일에는 별 관심이 없는 경우가 많다. 우리는 우리의 의로운 삶의 영역을 넓혀서 사회정의와 정치적인 의를 이루는 일에도 책임의식을 가지고 계속 헌신해야 한다.

이런 면에서는 진보주의자들이 강하다. 이들 중에는 다수의 힘으로 혹은 권력과 재물의 힘으로 불의를 행하는 자들에 대해 저항하며, 사회적으로나 정치적으로 약한 사람들 편에 서서 사회정의 곧 사회적 평등을 이루어보려고 헌신하는 사람들이 많다. 그런데 이 일은 크리스천이면 누구나 적극적인 관심을 가지고 노력해야 할 일들이다. 그러면서도 우리가 무엇보다 먼저 구할 것은 믿음으로 얻는 의이다. 그리스도를 믿음으로 얻는 의를 갖지 못하면 법적, 도덕적 의란 뿌리 없는 나무와 같아서 곧 시들고 만다.

의란 포괄적으로 말하면 올바른 관계이다. 그러므로 먼저 하나님과의 관계가 정상화되어 있지 않으면 나무에서 부러진 가지와 같아서 생명이 없다. 그리고 하나님께로부터 생명과 능력이 공급되지 않으면 우리는 아무것도 할 수 없다. 밖에 버려져 말라질 뿐이다.

(2) 사랑(Agape)

하나님 나라의 이념 중 다른 하나는 사랑이다. 의와 사랑은 공존한다. 의가 없는 사랑은 사랑이 아니라 불륜일 뿐이며, 사랑이 없는 의는 생명을 얻게 하지도 못하고 풍성케 할 수도 없다. 의를 나무의 뿌리로 비유한다면 사랑은 그 줄기와 꽃과 열매라고 할 수 있다. 하나님 나라는 사랑의 나라이다. 사랑은 하나님 나라의 통치이념인 동시에 통치목표이다. 사랑은 우리가 인생을 살아가는 방법이고 목적이다. 사랑을 이룰 때 인생은 온전함에 이르고 생명의 풍성함을 누리게 된다.

예수님은 율법과 선지자의 강령은 사랑이라 하셨다. 강령이란 거물을 잡아당기는 밧줄이다. 아무리 넓게 친 거물도 이 밧줄을 잡아당기면 다 딸려온다. 율례와 법도가 많지만, 사랑을 이루면 이 모든 것을 다 성취할 수 있다는 말씀이다. 참된 사랑에는 세 가지 특성이 있다.

첫째는 조건 없는 희생적인 사랑이다. 그리스도께서 그의 십자가를 통하여 보여주신 사랑이다. 둘째는 보편적인 사랑이다. 좋아하는 사람, 특수 관계에 있는 사람만 사랑하는 것이 아니라 어떤 사람도 차별하거나 무시하지 않고 그들의 인격을 존중하고 사랑하는 것이다. 이런 보편적인 사랑의 근거는 창조와 속량이다. 사람은 누구나 하나님의 형상대로 지음 받은 거룩한 존재다. 그리고 비록 타락하여 죄인이 되었으나 그래도 하나님께서 사랑하시고 그의 독생하신 아들 그리스도를 보내셔서 저들을 속량하게 하셨다. 그러므로 우리는 그 어떤 사람이라도 무시하거나 차별해서는 안 된다.

셋째로 참된 사랑은 구체적이다. 마음의 동정심으로 끝나거나 말과 입으로만 하는 사랑이 아니라 가진 것을 나누고, 도움이 필요한 사람들과 함께 있어 주는 것이 참된 사랑이다. 나누는 사랑보다 더 큰 사랑은 함께 있어 주는 사랑이다. 돈으로, 혹은 물질로 도와주기는 쉬워도 같이 살아주기는 힘들다. 하나님의 사랑이 크고 무한한 것은 그가 임마누엘로 오셔서 우리의 비참과 고통을 체휼(體恤)하셨기 때문이다. 우리 같이 악하고 더럽고 수준 낮은 사람들에게 오셔서 우리와 함께 사셨다. 사랑에 대한 성경의 가르침은 끝이 없다. 사랑이 무엇인지, 사랑은 어떻게 하는 것인지, 하나님이 우리를 얼마나 사랑하시는지, 그 사랑이 우리에게 어떻게 나타났는지?

나아가 하나님 나라를 구하라는 말씀의 또 하나의 적용은 사랑을 구하는 것이다. 사랑받기를 구하는 것이 아니라 사랑하기를 구하는 것이다. 우리가 사는 삶의 모든 영역에서 사랑을 실천하는 일에 헌신하는 것이다. 하나님처럼 우리도 서로 사랑하며 사는 것이다.

요1서 4:7, 8 "사랑하는 자들아 우리가 서로 사랑하자 사랑은 하나님께 속한 것이니 사랑하는 자마다 하나님으로부터 나서 하나님을 알고 사랑하지 아니하는 자는 하나님을 알지 못하나니 이는 하나님은 사랑이심이라"

딤전 6:18 "선을 행하고 선한 사업을 많이 하고 나누어주기를 좋아하며 너그러운 자가 되게 하라"

거듭 말하지만 하나님 나라를 구한다는 것은 우리의 삶의 모든 영역에서 하나님의 공의가 실현되고 그의 사랑이 충만케 되기를 찾고 구하는 것이다. 찾고 구한다는 말은 적극적으로 추구하고 실천하고 세워가는 것을 말한다. 하나님으로부터 의롭다 함을 받고 무한한 사랑을 받은 것으로 만족하는 것이 아니라 이제는 우리도 하나님 나라의 일꾼이 되었으니 하나님 나라를 위해 헌신해야 한다. 예수님은 이런 적극적인 삶을 우리에게 요구하셨다. 이 땅에 사는 동안 먹고 마시고 즐기는 일에 마음을 다 빼앗기지 말고 하나님의 의를 세우고 사랑을 베푸는 일에 힘을 다하라고 명령하신다.

3) 하나님 나라의 보편성

하나님 나라는 이 세상을 떠나야 들어갈 수 있는 내세의 나라가 아니라 현세와 내세를 다 포괄하는 우주적이고 보편적인 나라이며 영원한 나라이다. 나라라고 할 때 곧 나라가 나라로 성립되려면 반드시 있어야 할 세 가지 요소가 있는데, 그것은 주권과 백성과 영토이다. 하나님 나라에서 첫째로 생각해야 할 것은 하나님의 주권이다. 일반 민주국가에서는 주권이 국민에게 있다. 우리나라 헌법에도 "대한민국의 주권은 국민에게 있고, 모든 권력은 국민으로부터 나온다."라고 명시하고 있다. 그런데 하나님 나라는 세상 나라와 다르다. 하나님 나라는 그 주권이 하나님께 있고 모든 권력은 하나님께로부터 나온다.

그러므로 하나님 나라를 가장 간단히 정의하면 하나님의 주권이 임하고 그의 통치가 실현되는 영역이라고 할 수 있다. 모든 피조물이 하나님의 권세에 복종하고 그의 통치를 받아들여 그의 뜻이 이루어지는 그 영역이 하나님 나라이다. 주기도문에 보면 "나라가 임하시오며 뜻이 하늘에서 이루어진 것같이 땅에서도 이루어지이다."라고 했는데, 이것은 두 가지 기도 제목이 아니라 하나의 제목이다. 즉 하나님 나라가 임한다는 것은 하나님의 뜻이 하늘에서 이루어진 것 같이 이 세상에서도 이루어지는 것을 말한다.

그러니까 하나님 나라는 어느 한 곳에 고정되거나 제한된 나라가 아니라 시공을 초월하는 보편적인 나라다.

눅 17:20-21 "바리새인들이 하나님의 나라가 어느 때에 임하나이까 묻거늘 예수께서 대답하여 이르시되 하나님의 나라는 볼 수 있게 임하는 것이 아니요 또 여기 있다 저기 있다고도 못하리니 하나님의 나라는 너희 안에 있느니라"

이 말씀에서도 예수님은 하나님 나라의 보편성을 말씀하시고 있다. 여기 "안(εντοσ)"이란 "within(안에)"과 "among(중에)"으로 다 번역할 수 있는 말이다. 곧 하나님이 임재하시는 곳이 하나님 나라라는 말씀이다. 이런 면에서 우리가 하나님 나라를 구한다는 것은 하나님의 통치와 그의 영광과 축복이 온 세계 위에 나타나고 임하기를 구하는 것이다.

4) 영적이고 도덕적인 하나님 나라

하나님 나라의 특성은 영적이고 도덕적이다. 하나님 나라에 대한 유대인들의 치명적인 오해가 있었는데, 그것은 하나님 나라를 민족주의적으로 생각했을 뿐 아니라 세속적인 국가와 동일시했다는 것이다. 하나님 나라란 말은 그리스도가 처음 사용하신 말이 아니다. 이것은 아브라함과 다윗에게 주신 언약이고 하나님을 믿는 자들에게 주신 계시요 비전이다. 선지자들은 장차 메시아가 오실 것이고, 그가 영원히 흔들리지 않는 나라를 세울 것이라고 예언하였다. 그러므로 메시아로 말미암아 세워질 하나님 나라는 유대민족의 비전이요 소망이었다.

그런데 예수님 당시의 유대인들은 로마제국의 식민통치를 받고 있었기 때문에 이들은 이방 나라인 로마제국의 지배로부터 하루라도 빨리 벗어나는 것이 그들의 민족적인 염원이었다. 그러다 보니 그들이 생각하는 하나님 나라는 메시아가 오셔서 예루살렘을 수도로 삼고 세울, 로마제국을 압도하는 세계 최대의 왕국, 최강의 나라였다.

그러나 그리스도가 말씀하신 하나님 나라는 이들의 생각과는 완전히 달랐다. 하나님 나라는 먼저 사람들의 마음에 임하는 나라이다. 유대인들의 원수는 당시 예루살렘 거리를 활보하던 로마군대가 아니라 그들의 마음을 차지하고 있던 죄악이었다. 그리고 이 죄를 통해 사람을 지배하고 다스리는 사탄이었다. 그리스도는 이방 나라의 왕들을 물리치시기 위해 오신 메시아가 아니라 "자기 백성을 저희 죄에서 구원할 자"(마 1:21)로 오신 분이시다. 사탄의 권세를 멸하시고, 죄와 사망의 권세 아래 있는 자들을 속량하여 하나님의 백성으로 삼으시기 위해 오신 분이시다.

또한, 유대인들이 생각하는 하나님 나라는 물질적으로 부요하고 풍성한 나라였다. 가난과 곤고함으로부터 해방시켜 줄 메시아, 모든 것을 마음껏 먹고 누릴 수 있는 그런 나라를 기대하고 있었다. 그래서 예수님이 오병이어로 오천 명을 먹였을 때 군중들은 그를 왕으로 삼으려고 열심히 찾아다녔다. 그랬기에 마귀도 예수님이 40일의 금식으로 굶주려 있을 때 찾아와서 돌로 떡을 만들어 먹으라고 하며 떡 문제로부터 구원 사역을 시작하라고 유혹했던 것이다.

예수님이 이를 단호히 물리치신 것은 "하나님 나라는 먹고 마시는 것이 아니요 오직 성령 안에서 의와 평강과 희락"(롬 14:17)이기 때문이다. 하나님의 나라는 복음과 성령으로 의로움과 성결을 얻고 그 가운데서 참된 평강과 기쁨을 누리는 영적이고 도덕적인 나라이다. "그러므로 염려하여 이르기를 무엇을 먹을까 무엇을 마실까 무엇을 입을까 하지 말라"(마 6:31)라고 하시며 "그의 나라와 그의 의를 먼저 구하라"(33)라고 하셨다.

옛날이나 오늘이나 사람들은 항상 경제문제를 우선시하고 경제문제에 목을 맨다. 그러나 경제가 좋아지고 부요해지면 인생 문제가 해결되는가? 잘 먹고 잘 입으면 행복해지는가? 3-40년 전과 비교하면 우리나라 경제가 엄청나게 발전했는데 왜 자살자 수는 세계 1위인가? 하나님 나라는 우리의 심령에 임한다. 무엇보다 먼저 사람이 변화되어야 한다.

5) 하나님 나라의 현재성과 미래성 - "이미 그러나 아직"

하나님 나라는 현재성과 미래성을 동시에 갖고 있다. 그래서 학자들은 하나님 나라가 이미(already) 임하였으나 아직(yet) 임하지 아니하였다고 말한다. 성경에는 하나님 나라의 양면성에 대한 말씀들이 많이 있다.

(1) 하나님 나라의 현재성

그리스도는 하나님 나라의 현재성을 많이 강조하셨다. 그는 "하나님 나라가 가까이 왔다" 하셨고, 또 하나님 나라가 이미 임했다고 하셨다.

마 12:28 "내가 하나님의 성령을 힘입어 귀신을 쫓아내는 것이면 하나님의 나라가 이미 너희에게 임하였느니라"

사탄의 권세가 꺾이고 하나님의 은혜로운 통치가 시작되었으므로 그것이 바로 하나님 나라라고 말씀하신 것이다. 그리고 앞에서 이미 말한 대로 하나님 나라는 그리스도를 왕으로 모시고 그에게 순종하는 백성으로 이루어진다. 따라서 누구나 죄를 회개하고 그리스도를 믿어 죄 사함을 받고 하나님의 복된 다스림 안에 거하는 사람들은 이미 하나님 나라에 들어간 사람들이다.

골 1:13에는 우리가 예수 그리스도를 구주로 믿고 영접하여 구원을 받은 것을 바로 하나님 나라로 옮겨진 것이라고 말씀하고 있다. "그가 우리를 흑암의 권세에서 건져 내사 그의 아들의 나라로 옮기셨으니" 그렇다. 죄와 죽음의 종이 된 우리를 속량하셔서 의롭다 하시고 하나님의 자녀가 되게 해 주셨다. 죄의 권세, 어둠의 권세, 마귀의 권세 아래 있던 우리가 죄 사함 받고 거듭나서 하나님의 자녀가 되었으니 이것이 바로 천국이요 하나님 나라이다.

(2) 하나님 나라의 미래성

하나님 나라는 현재적일 뿐 아니라 미래적이다. 하나님 나라는 그리스도가 다시 오실 때 완성된다. 이 나라는 성도들이 종말론적인 구원을 받고 들어가서 하나님과 함께 영원히 살 천국이다. 신구약 성경에는 미래에 도래할 하나님 나라에 대한 예언들이 아주 많다. 특히 계시록은 장차 임할 하나님 나라에 대해 아주 구체적으로 말씀하고 있다.

계 21:1-4 "또 내가 새 하늘과 새 땅을 보니 처음 하늘과 처음 땅이 없어졌고 바다도 다시 있지 않더라 또 내가 보매 거룩한 성 새 예루살렘이 하나님께로부터 하늘에서 내려오니 그 준비한 것이 신부가 남편을 위하여 단장한 것 같더라 내가 들으니 보좌에서 큰 음성이 나서 이르되 보라 하나님의 장막이 사람들과 함께 있으매 하나님이 그들과 함께 계시리니 그들은 하나님의 백성이 되고 하나님은 친히 그들과 함께 계셔서 모든 눈물을 그 눈에서 닦아 주시니 다시는 사망이 없고 애통하는 것이나 곡하는 것이나 아픈 것이 다시 있지 아니하리니 처음 것들이 다 지나갔음이러라"

이 말씀은 하나님 나라가 완성되고 우리의 구원이 완전해진 그것을 보여주고 있다. 그리고 구원받은 성도들이 그 나라에서 누릴 참된 평화와 은혜를 보여주고 있다.

6) 하나님 나라와 교회의 관계

하나님 나라는 "벌써(already) 임하였으나 아직(yet) 완성되지 않았다"라는 말은 모순되는 말 같으나 하나님 나라에는 현재적일 뿐 아니라 동시에 미래적인 양면성이 있다는 것을 표현한 말이다. 이것은 하나님 나라와 교회의 관계에서 더욱 분명하고 구체적으로 나타난다. 즉 "교회는 하나님 나라이다. 그러나 교회는 아직 하나님 나라가 아니다"라는 것이다. 이 말 역시 모순된 말 같지만 둘 다 맞는 말이다. 하나님 나라와 교회는 동일한 속성을 가지고 있다. 그러나 교회는 하나님 나라와 질적으로 다르다.

(1) 교회는 하나님 나라이다

교회를 하나님 나라라고 하는 것은 첫째로 최고 통치자가 같기 때문이다. 하나님 나라의 임금은 그리스도다. 하나님은 당신의 아들 그리스도를 당신의 보좌 우편에 앉히셨다. 그에 하늘과 땅의 모든 권세를 주셨다. 그리고 그리스도를 교회의 주가 되게 하심으로 만유의 주가 되게 하셨다. 그리스도는 만왕의 왕이시고 만주의 주이시다(엡 1:20-22).

둘째로 교회의 회원과 하나님 나라의 백성이 내적으로는 동일하기 때문이다. 교회가 무엇인가를 가장 간단히 정의하면 "교회는 그리스도를 주님으로 믿고 영접한 성도들의 모임"이다. 교회는 바로 그리스도를 주로 모신 자들의 공동체이며, 그리스도의 다스리심에 순종하며, 그분의 은혜와 축복받고 누리는 자들이다. 그러면 하나님 나라의 백성은 누구인가? 역시 그리스도를 왕으로 모시고 그에게 순종하며, 그가 주시는 은혜와 축복을 누리며 사는 자들이다. 이런 의미에서 교회와 하나님 나라는 같다.

셋째로 교회와 하나님 나라는 그 추구하는 이념과 목적이 같다. 하나님 나라는 의와 사랑을 통치원리로 삼고 있으며, 이를 이루는 것을 목표로 삼는다. 교회도 마찬가지이다. 교회도 의와 사랑으로 다스림을 받는 곳이며, 이 공의와 사랑을 성취하는 것을 목표로 삼는다.

이 외에도 성경에서 교회는 여러 가지 명칭으로 불리고 있다. "하나님의 백성, 그리스도의 몸, 하나님의 집, 하나님의 군대, 성령의 전, 진리의 기둥과 터" 등등이다. 이와 같은 속성들로 보면 교회와 하나님 나라는 같다고 할 수 있다.

(2) 교회는 아직 하나님 나라가 아니다

교회는 아직 하나님 나라가 아니라고 하는 이유는 무엇인가? 첫째로 교회는 하나님 나라로 가는 도상에 있으므로 아직은 하나님 나라라고 할 수 없다. 하나님 나라를 건물로 비유한다면 교회는 공사 중인 건물이라고 할 수 있다. 그래서 교회는 모든 면에서 부족하고 연약하다.

그리고 때로는 타락하여 하나님이 주신 영광과 하나님 나라의 축복을 잃어버리기도 한다. 그러므로 교회를 하나님 나라라고 할 수 없다.

둘째로 지상 교회에는 알곡이 아닌 가라지도 있고, 또 알곡이라 하더라도 아직은 완전히 성숙하지 못한 성도들도 있으므로 하나님 나라와 동일시 할 수 없다. 즉 교회에는 많은 사람들이 속해 있지만, 아직은 누가 진정한 그리스도의 몸 된 지체인지 명확하게 구별할 수가 없기 때문에 교회와 하나님 나라를 등식으로 놓을 수 없다. 또 어떤 사람이 그리스도를 구주로 영접하여 진정한 성도가 되었다 하더라도 아직은 미성숙하고 온전치 못한 사람들도 많으므로 교회를 하나님 나라와 같다고 말할 수는 없다.

셋째로 교회는 하나님의 통치에 온전히 순종하지 못하고 있기 때문에 하나님 나라라고 할 수 없다. 하나님 나라는 하나님의 뜻이 하늘에서 이루어지는 것처럼 땅에서도 이루어지는 나라이다. 그러나 지상 교회에는 하나님을 배반하거나 하나님의 뜻을 무시하는 일들이 자주 일어난다. 이스라엘 백성들이 하나님을 버리고 우상을 숭배하다가 그 나라가 망하였는데 교회도 이런 경우가 있다. 교인들이 하나님보다 세상을 더 사랑하고, 돈을 더 좋아하고, 하나님의 뜻을 따르기보다 사람들이 원하는 것들을 좇아 행하며 우상숭배 하듯 할 때가 많다. 그러므로 교회를 하나님 나라와 동일시할 수 없다.

(3) 교회는 세상에서 하나님 나라를 대리하는 기관이다.

그러면 하나님 나라와의 관계에서 교회는 무엇인가? 교회는 세상에 세워진 하나님 나라의 '에이전트'라고 할 수 있다. 하나님 나라의 왕이신 그리스도로부터 사명을 받고 이를 수행하는 하나님 나라의 대리점과 같다.

첫째로 교회는 하나님 나라의 복음을 전파하여 하나님 나라를 확장하는 미션을 가진 성령공동체이다. 곧 땅 끝까지 이르러 내 증인이 되라는 대사명을 받은 선교공동체이다. 행 1:8 "오직 성령이 너희에게 임하시면 너희가 권능을 받고 예루살렘과 온 유대와 사마리아와 땅 끝까지 이르러 내 증인이 되리라 하시니라" 하나님 나라는 그리스도를 구주로 믿는 사람들로 이루어진다. 구원받은 사람이 바로 하나님 나라이다. 그러므로 교회는 복음을 전하여 사람들이 회개하고 그리스도를 구주로 믿게 함으로써 하나님 나라를 확장한다. 복음 전도로 사탄의 나라를 정복하고 그리스도의 통치가 임하게 하는 사역이 교회가 받은 사명이다.

둘째로 교회는 하나님 나라의 은혜와 축복을 세상에 흘러가게 하는 축복의 통로이다. 엡 1:23 "교회는 그의 몸이니 만물 안에서 만물을 충만케 하시는 이의 충만함이니라" 윌리암 템플은 "교회는 교회 자체가 아닌 다른 사람들의 유익을 위해 존재하는 세상에서 유일한 공동체"라고 했다. 그렇다. 교회는 예수 그리스도의 몸이다. 그리스도께서는 사람들로 하여금 생명을 얻고 풍성히 얻게 하시려고 세상에 오셨다. 그는 자기를 비어 종의 모습으로 오셔서 섬기는 자로 사셨다. 그리하여 모든 사람들에게 하나님 나라의 은혜와 축복을 가져다주셨다.

예수님의 존재, 예수님이 세상에 오신 목적, 예수님의 사역이 바로 교회의 존재 목적이고, 교회가 해야 할 사역이다. 예수님은 지금도 교회를 통하여 하나님 나라의 은혜와 축복을 흘려보내셔서 만물을 충만케 하신다.

셋째로 교회는 하나님의 영광을 드러내는 공동체이다. 골 1:27 "하나님이 그들로 하여금 이 비밀의 영광이 이방인 가운데 얼마나 풍성한지를 알게 하려 하심이라 이 비밀은 너희 안에 계신 그리스도시니 곧 영광의 소망이니라"

하나님께서 교회를 통하여 복음과 복음으로 말미암는 하나님 나라의 영광의 풍성함을 열방 가운데 드러내기를 원하신다는 말씀이다.

엡 1:12 "이는 우리가 그리스도 안에서 전부터 바라던 그의 영광의 찬송이 되게 하려 하심이라"

하나님께서 그리스도 안에서 우리를 구원하시고, 구원받은 성도들을 곧 교회를 하나님의 영광스러운 찬송이 되게 하신다는 말씀이다. 다윗은 일찍부터 다음과 같이 기도하였었다. 시 57:11 "하나님이여 주는 하늘 위에 높이 들리시며 주의 영광이 온 세계 위에 높아지기를 원하나이다"

제3권

교회를 위한 목회론

1. 목사와 목회

1) 목사는 누구이며 무엇을 하는 사람인가?

앞에서 이미 언급한 바 있지만, 필자는 목사로 장립한 직후부터 갈등하는 교회의 상황 가운데 휩싸이게 되었다. 그러면서 첫째는 교회가 무엇인가에 대해 근원적인 의문을 가지게 되었고, 둘째는 교회의 사역자인 목회자는 누구이며 뭘 하는 사람인가라는 강한 질문을 갖게 되었다. 필자는 이런 의문을 가지고 밤낮으로 기도하며 생각하고 공부했다. 그러던 중에 대답을 얻었는데 전자에 대한 대답은 "소그룹교회(가정교회)"의 발견이었고, 후자에 대한 대답은 요한복음 10장의 말씀이었다.

필자는 어느 날 요한복음을 읽다가 10장에서 목사는 누구이며 무엇 하는 사람인가에 대한 질문에 너무나 명백한 대답을 얻었다. 특히 10절의 말씀은 필자로 하여금 무릎을 치게 만든 말씀이었다. "도둑이 오는 것은 도둑질하고 죽이고 멸망시키려는 것뿐이요 내가 온 것은 양으로 생명을 얻게 하고 더 풍성히 얻게 하려는 것이라" 그동안 필자는 요한복음을 수십 번이나 읽었다. 그런데 왜 그렇게 오랫동안 이 말씀에 대해 우매로 지냈을까? 사람은 어떤 상황에서 직접적인 도전을 받을 때까지는 성경을 건성으로 읽는 것 같다. 필자는 이 말씀을 수십 번을 읽었으면서도 그냥 잘 아는 말씀으로 예사로 읽었던 것이다. 그러나 심각한 도전과 의문 속에서야 그 말씀을 경험적으로 읽게 되었던 것이다.

그렇다. 예수 그리스도는 목자-목사이시다. 그는 목자-목사의 원조이시다. 그가 목자로 세상에 오신 목적은 양들로 하여금 생명을 얻게 하고 더 풍성히 얻게 하시려 오셨다. 이 목적은 바로 목사의 존재 목적이며 사역의 타겟이다. 그런데 예수 그리스도는 생명의 주인으로서 사람들에게 생명을 주실 수 있지만 우리는 어떻게 사람들에게 생명을 줄 수 있을까? 그리스도는 "모든 믿는 자에게 구원을 주시는"(롬 1:16), "하나님의 능력이요 지혜"(고전 1:23, 24)인 복음을 우리에게 맡겨주셨다. 그래서 우리 목사들은 사람들에게 복음을 전하여 그들로 하여금 생명을 얻게 하는 일을 할 수 있다. 목사의 직분이 참으로 성스럽고 고귀한 것은 바로 이것 때문이다.

그러면 생명을 "더 풍성이 얻게 한다"는 말씀은 무슨 뜻일까? 이는 한 마디로 영적인 복지를 증진해주신다는 말씀이다. 쉬운 말로 행복하게 해주신다는 것이다. 우리가 예수 그리스도를 믿고 그 안에 거하면 참된 평안을 얻고 누릴 수 있다(요 14:27). 곧 주 안에 있는 안식, 샬롬을 누릴 수 있다. 목사는 양들로 하여금 생명을 얻게 하고 하나님의 평강을 누리도록 인도하는 목지다.

그리고 나아가 "생명을 얻게 하고 풍성히 얻게 하는" 이 일이야말로 그리스도인의 삶의 목적이라고 할 수 있다. 우리가 왜 사는가? 무엇을 위해 사는가? 어떻게 사는가? 예수님은 우리를 섬기려고 세상에 오셨다고 하셨다. 그리고 그렇게 사셨다. 그런 그의 삶은 하나님께 영광을 돌렸을 뿐 아니라 그로 하여금 존귀하고 영광스러운 자리에 이르게 해주었다. "이러므로 하나님이 그를 지극히 높여 모든 이름 위에 뛰어난 이름을 주사 하늘에 있는 자들과 땅 아래 있는 자들로 모든 무릎을 예수의 이름에 꿇게 하시고 모든 입으로 예수 그리스도를 주라 시인하여 하나님께 영광을 돌리게 하셨느니라"(빌 2:9, 10)

섬기는 삶이야말로 보람과 기쁨과 영광을 가져다주는 삶이다. 다른 사람에게 생명을 주고 행복을 주는 삶을 살 수 있다면 이보다 더 값지고 이보다 더 행복한 삶은 없을 것이다. 사람들은 대부분은 소유에 집착한다. 재물이 행복을 가져다줄 것으로 착각하기 때문이다. 그러나 소유로는 행복을 누릴 수 없다. 잠시 기쁨을 가져다줄지 모르지만 진정한 행복을 누리게 하지는 못한다. 나누고 베푸는 삶이 자신과 이웃에게 행복을 가져다준다. 이것은 하나님의 창조질서다. 만물은 서로 의지하고 돕고 나누며 존재하도록 돼 있다.

2) 목사와 설교

목회에서 가장 중요한 것이 설교라고 하는 데에는 아무도 이의를 제기하지 않을 것이다. 작은 목자인 우리는 대목자이신 주님의 사역을 따른다. "여호와는 나의 목자시니 내게 부족함이 없으리로다. 그가 나를 푸른 초장에 누이시며 쉴만한 물가로 인도하시는도다"(시 23:1-2) "내가 문이니 누구든지 나로 말미암아 들어가면 구원을 받고 또는 들어가며 나오며 꼴을 얻으리라"(요10:9) 신자들은 교회에 출입하며 양식을 얻는다.

사람들의 본능 중에 가장 원초적인 본능은 배부름이다. 이것이 충족되지 않으면 만사가 다 문제가 된다. 목회에서도 마찬가지다. 행정이나 심방 등 다른 여러 가지가 좀 미흡해도 배가 부르면 교인들은 너그럽다. 그러나 다른 일들을 열심히 많이 해도 설교가 약하면 온갖 불평이 다 일어난다. 교회에서 생명의 양식을 얻을 수 있어야 양이 따르며 쉼을 얻는다. 양은 배가 고프면 눕는 법이 없다고 한다.

그런데 이것을 알면서도 설교사역이란 하루아침에 향상되는 것이 아니라는 데 문제가 있다. 때문에 목회자들은 우선 손쉬운 일에 매달리게 되고 그러다보니 설교사역은 더 약해진다. 전도, 신유, 능력 등을 강조하면서 온갖 목회 아이디어들을 다 동원한다. 그러나 먹을 것이 없으면 왔던 사람들도 다 떠난다. 설사 병이 나았다하더라도 영혼이 기근으로 죽을 지경인데 어찌 붙어 있겠는가?

"주여 영생의 말씀이 계시매 우리가 뉘게로 가오리까"(요 6:68). 무엇이든 정도를 택해야 하고 정공법으로 할 수밖에 없다. 아무리 어려워도 목회의 생명을 설교에다 걸어야 한다. 그리고 설교자이면 누구나 고민해야 할 것들이 세 가지 있다.

첫째는 인격적 성숙에 대한 고민이다. 필자를 포함해서 많은 목사들이 설교라고 하면 항상 기술(skill)에만 관심이 많았다. 당장 어떻게 써먹을 것이 없나? 어떤 방법으로 해야 할까? 등. 그러나 설교를 하면 할수록 기술보다는 사람됨이 중요하다는 것을 문득문득 깨닫는다. 그러면서 갈수록 설교의 기술보다 설교자의 인격이 더 중요하다는 이 당연한 사실을 새삼스럽게 느끼고 확인하게 된다. 좋은 나무가 좋은 열매를 맺는다. 사람이 달라져야 한다. 설교가 아니라 설교자가 먼저 준비되어야 한다는 M. L. Jones 목사의 말은 핵심을 찌르는 말이다. 그러나 이게 어디 하루아침에 될 일인가? 필자는 번번이 자신의 졸렬하고 빈약한 사람됨을 안타깝게 여기며, 성령 충만한 사람이 되게 해 달라고 기도한다. 우리로 하여금 예수님의 성품과 인격을 닮아가게 하시는 성령의 도우심 밖에 기대할 것이 없기 때문이다. 우리의 소원은 예수님을 닮는 것이다.

둘째는 지적인 향상 문제다. 먼저 성경 지식이 풍부해야 하겠는데 그렇지 못하니 고민이다. 때로는 "신학교는 성경에 대해서만 가르치고 성경을 가르치지 않는다"며 신학교육이 잘못되었다고 원망해보지만 신학교가 목사의 빈약한 설교를 보충해주거나 변명해주지 않는다. 성경을 많이 읽어야 하는데 그것도 쉽지 않다. 신학교 다닐 때는 공부에 바빠서, 목회를 시작한 후에는 설교준비가 급해서 성경을 묵상하고 통독하는 일이 소홀해지기 쉽다. 조용한 시간을 내어 성경을 깊이 있게 묵상하는 것도 중요하고, 자주 통독하는 일 역시 중요하다고 생각한다. 그러지 못하면 설교가 자칫 사변적으로 흐르기 쉽다.

성경 외의 독서도 풍부하고 경험이 다양해야 하는데 그렇지 못하다. 특히 필자는 같은 신학교에서 7년을 공부했다. 장점도 있지만 먼저 일반대학 인문계에서 공부를 하고 신학대학원에 갔더라면 하는 생각을 자주 했다. 폭넓고 다양한 독서가 중요한 줄 알면서도 우선 급한 일들에 쫓기며 다니니 고민이 아닐 수 없다. 독서를 많이 할수록 설교는 풍성해지고 깊어진다. 기도와 독서는 설교준비의 기본이다.

셋째는 시간 관리 문제다. 누구나 그렇지만 특히 목회자의 시간 관리는 목회의 성패를 좌우한다. 어떻게 늘어나는 일들을 조정하고 말씀과 기도에 전념하느냐 하는 것은 매우 크고 중요한 과제다. 그런데 우리는 대부분 중요한 일보다 바쁜 일을 우선 처리하는 경향이 강하다. 목회자에게 설교보다 더 우선적인 사역은 없다. 그러므로 설교 준비를 위한 시간은 가장 우선적으로 확보해야 한다. 필자의 경우 새벽기도회에 나와서 아침식사 전까지는 말씀묵상과 독서에 전념하려고 노력했는데 그 결과는 의외로 컸다.

3) 목사와 성령 충만

목회는 성령의 사역이다. 목자이신 그리스도께서는 사도들에게 약속하신 성령을 보내주셨다. 성령으로, 성령강림으로 교회가 창립되었다. 사도들은 성령으로 충만함을 입어 복음을 전하여 교회를 세우고 목양하였다. 주께서 "나를 믿는 자는 나의 하는 일을 저도 할 것이요 나보다 더 큰 일도 하리라"(요 14:12)고 말씀하신 그대로였다. 이런 말씀들은 목사가 성령으로 말미암지 않고서는 목회를 할 수 없다는 것을 확실하게 알려준다. 더욱이 목회자들은 목회현장에서 성령의 역사와 도우심 없이는 사역을 제대로 할 수 없다는 것을 누구나 절실하게 경험한다. 따라서 목사가 성령으로 충만해야 하는 것은 당연하고, 이를 전심으로 사모하며 전력으로 구하여야 하는 것도 너무나 마땅하다. 예수님은 '구하라, 찾으라, 문을 두드리라'고 기도를 독려하시며 "너희가 악할지라도 좋은 것을 자식에게 줄줄 알거든 하물며 하늘 아버지께서 구하는 자에게 성령을 선물로 주시지 않겠느냐"(눅 11:13)고 하셨다. 그렇다면 성령 충만이 무엇인가가 우리의 첫 번째 관심사가 아닐 수 없다.

성령 충만이 무엇인가? 목회는 "힘으로 되지 아니하며 능으로 되지 아니하고 오직 나의 영으로 되느니라"(슥 4:6)는 말씀 그대로다. 지식을 많이 가졌다고 되는 것도 아니고 말을 잘하거나 재능이 많다고 되는 것도 아니기 때문이다. 그러면서 필자는 자연히 성령을 사모하게 되었고 동시에 성령 충만이 무엇이냐는 질문을 하게 되었다.

성령 충만하다는 것은 어떤 상태를 말하는 것일까? 어떤 사람이 성령으로 충만하게 되었다면 그가 어떻게 되었다는 것일까? 이런 질문은 필자로 하여금 열심히 공부하게 했고 끊임없이 기도하게 하였다. 아래 내용은 그 당시 필자가 정리해보았던 내용이다.

> 성령 충만이 무엇인가를 알려면 그리스도를 통하여 그리고 그리스도와의 관계에서 이를 살피고 이해해야 한다. 신학의 중심은 그리스도다. 그리스도는 나타나신 하나님이시다. 그는 말씀이시고(요 1:1, 14), 최종적이고 완전한 하나님의 계시이며(히 1:1), "하나님의 영광의 광채시오 그 본체의 형상"이시다(히 1:3a). 그러므로 우리가 하나님을 알려면 그리스도를 통하여 알아야 하고, 그와의 관계에서 알아야 한다. 성령 충만도 마찬가지다. 성령 충만은 그리스도의 주권과 성품과 권세와 관계가 있고, 이런 관계들을 살펴보면 성령 충만이 무엇인가를 좀 더 확실하게 알 수 있다.

1. 성령충만은 그리스도의 주권과 관계가 있다

　이를 간단히 말하면 그리스도의 주되심에 대한 온전한 충성이라고 할 수 있다. 고린도전서 12:3에 "… 또 성령으로 아니하고는 누구든지 예수를 주시라 할 수 없느니라"고 하였는데 이것이 그리스도의 주되심을 인정하고 받아들이는 믿음이라면 성령 충만은 주님께 온전히 헌신된 상태라고 할 수 있다. 바울 사도는 "나의 간절한 기대와 소망을 따라 아무 일에든지 부끄러워하지 아니하고 지금도 전과 같이 온전히 담대하여 살든지 죽든지 내 몸에서 그리스도가 존귀하게 되게 하려 하나니"라고 고백하였다. 이것이 바로 성령 충만한 자의 고백이다.

　오 할레스비 목사는 그의 저서 『기도』에서 만일 누가 그에게 성경에서 성령 충만을 가장 잘 설명해주는 성경 구절을 하나 들라 하면 자기는 갈라디아서 2:20을 들겠다고 하였다. 필자는 대학 시절에 이 책을 애독하였는데, 그때는 왜 이 말씀이 성령 충만을 가장 잘 설명해주는 말씀인지 전혀 이해하지 못했다. 그러나 성령 충만을 탐구하면서 필자는 깊은 깨달음과 함께 그렇다고 고백하게 되었다.

　그리고 나아가 로마서 12:1-2 말씀을 경험하게 되면서 확신을 하게 되었다. 이 말씀을 새롭게 받았던 1984년 11월 어느 날 아침에 필자는 하나님 앞에 무릎을 꿇었고 이 말씀대로 순종하겠다고 결심하였다. 그 후 필자는 섬기던 교회 가운데서 하나님의 손이 움직이는 것을 보았다. 주님께 온전히 헌신된 상태가 성령 충만의 첫 번째 표지다.

2. 성령충만은 그리스도의 성품에 관련돼 있다

곧 성령 충만하면 그리스도의 성품을 닮게 되고 채워지고 성숙하게 된다. 하나님은 인간을 그의 형상대로 창조하셨다. 그러나 인간이 범죄함으로 타락하여 영적으로 죽었고 하나님의 형상은 오염되고 손상되고 손실되었다. 하나님의 구원은, 그리스도로 말미암아 믿는 자들을 다시 살리는 것이요 그들을 그의 형상대로 회복시키는 일이다. 회복의 모델은 "하나님의 형상이시요 모든 피조물보다 먼저 나신"(골 1:15) 그리스도다. 그리고 성령이 믿는 자들을 거룩하게 하신다는 말씀은 바로 그리스도를 닮아가도록 하신다는 것이다. 그리스도의 성품 곧 그의 인격으로 우리를 변화시키고 성숙케 하신다.

갈라디아서 5:22-23에 나오는 성령의 아홉 가지 열매는 바로 그리스도의 성품과 인격을 말해주고 있다. 성품을 아홉 가지로 다 설명할 수 없지만 사도 바울은 대표적인 성품들 아홉 가지를 예로 들고 있다. 이것들을 세 가지씩 분류할 수 있다. 아홉 가지를 9층 건물로 본다면 각각 3층 씩 나눌 수 있는데, 1-3층(절제, 온유, 충성)과 4-6층(양선, 자비, 오래 참음) 그리고 7-9층(화평, 희락, 사랑)이다. 또 이것들을 성숙의 세 단계로 나누는데 1-3층을 자아 형성의 단계, 4-6층을 관계 형성의 단계, 그리고 7-9층을 완성의 단계다.

절제는 선과 악을 분별할 줄 알뿐 아니라 악한 욕망을 억제할 수 있는 마음의 능력이다. 온유는 선한 것을 받아들이고 이를 적극적으로 추구하는 성품이며, 충성[성실로 번역하는 것이 문맥에 더 맞다]은 진실하고 근면한 삶의 태도다. 이 세 가지 성품은 인간으로서 갖는 기본적인 성품에 속한다.

양선은 일반적으로 거의 사용하지 않는 어려운 낱말이다. 이를 쉬운 말로 번역하면 친절이다. 친절은 모든 사람들을 따뜻하게 인격적으로 대하는 성품이고, 자비는 자신이 희생하면서까지 다른 사람에게 호의를 베풀고 섬기는 적극적인 마음의 태도다. 관계형성의 성품에서 오래 참음이 가장 뒤에 있다는 것이 약간은 이상스럽게 여겨지기도 하지만 인생을 많이 살아온 사람들은 쉽게 이해한다. 인간관계에서 오래 참음이 없이는 그 어떤 관계도 유지하기 힘들다. 관용과 기다림이 없이는 좋은 관계, 친밀한 관계를 기대할 수 없다.

완성의 단계에서 나타나는 첫 번째 성품은 화평인데, 성숙한 자아와 남을 배려하는 인격으로 피스메이커가 되고 함께 기쁨을 누리며 아가페에까지 이르게 된다. 아가페는 바로 하나님의 대표적인 성품이고 하나님의 다른 이름이다. 그러므로 성령으로 충만하다는 것은 하나님의 거룩하심에까지 이르는 것을 말한다.

3. 성령충만은 그리스도의 권세와 관계가 있다

하늘과 땅의 모든 권세를 가지신 분은 그리스도이시다. 하나님은 죽기까지 순종하여 속량 사역을 온전히 이루신 그의 독생하신 아들 그리스도에게 모든 권세와 능력과 영광을 주셨다(마 28:18; 엡 1:20-22; 빌 2:9-11). 그리고 하늘과 땅의 모든 권세를 가지신 그리스도께서 복음 사역을 위하여 성령으로, 성령을 통하여 그의 종들에게 권세와 능력을 주셨으니 이것이 곧 성령의 은사. 따라서 성령 충만이란 성령의 은사로 무장된 상태라고 할 수 있다.

예화 성령 충만을 잘 표현해주는 예화가 있습니다. 우리나라 초대 교회에 최봉석 목사님이 계셨습니다. 그분의 별명은 최권능이었습니다. 영적인 능력이 많으셔서 붙여진 닉네임입니다. 최 목사님은 "예수천당"이라는 한 마디 전도 메시지로 70여 교회를 개척했다고 합니다. 하루는 어느 지역의 오일장에 가셔서 전도하는데, 일본인 형사가 말을 타고 나와 순찰을 하고 있었습니다. 목사님은 '일본 형사도 예수 믿어야지'라며 가까이 다가가서 큰 소리로 "예수천당"이라고 외쳤습니다. 이 소리에 말이 놀라서 "이히잉"하고 뛰는 바람에 형사가 말에서 떨어졌습니다.

엉덩방아를 찧은 형사는 화가 머리끝까지 치솟아 "저놈을 잡아다가 안 죽을 만큼 패주라"고 순경들에게 소리쳤습니다. 최 목사님을 지서까지 끌고 간 순경들은 그를 엎드리게 하고는 몽둥이로 때리기 시작하였습니다. 그런데 목사님은 한 대씩 맞을 때마다 "예수 천당"이라고 외쳤습니다. 더 화가 난 일본 형사는 "그 입 닥치지 못해!"라고 소리쳤습니다. 그때 목사님은 "예수 소리 듣기 싫으면 날 건드리지 마시오. 나에겐 예수가 입빠이요. 그러니 건드리면 예수가 나올 수밖에 없소."라고 말했습니다.

그렇습니다. 성령 충만을 가장 간단하게 말하면 예수로 입빠이[충만] 된 상태라고 할 수 있습니다.

4) 목회자와 동역자

인생은 관계다. 하나님과 이웃과 자연과의 관계가 인생이다. 관계가 좋아야 생명을 얻고 더 풍성한 생명을 누리게 된다. 특히 사역의 경우 동역자들의 관계가 모든 사역을 힘 있게 그리고 효과적으로 할 수 있게 만든다. 사람에 따라 관계를 중시하는 형이 있고 일을 중시하는 형이 있다. 그러나 하나님의 창조 자체가 관계중심으로 이루어졌으므로 관계가 우선이다. 좋은 관계가 밑받침되지 않고서는 사역이 제대로 이루어지기 어렵다.

더욱이 목회는 하나님과의 관계, 사람들과의 관계를 증진하고 풍성히 하는 사역이기 때문에 동역자들과의 관계가 좋아야 하고 이것이 교인들에게 본이 되어야 한다. 사역자 그룹이 제자공동체의 아름다움을 갖지 못하면서 어떻게 교회를 아름다운 공동체로 가꾸어 갈 수 있겠는가?

그리고 교역자 그룹의 중심에는 담임목사가 있으므로 담임목사의 동역자들에 대한 생각과 태도가 관계형성에 결정적인 영향을 미친다. 부교역자를 동역자로 생각하는가? 아님 부하 직원으로 생각하는가? 목회자가 부교역사들에게 하는 것을 보면 그가 과연 영혼을 사랑하는 사람인지, 아니면 비즈니스맨인지를 알 수 있다. 영혼을 사랑하는 사람이라야 목회자가 될 수 있다. 그러나 기업가들은 사람보다 수(數)를 더 사랑한다. 가끔 목사들 중에는 악덕 기업가 같은 사람들도 있다. 그들은 "사람의 수"는 중요하게 생각하면서 "사람"은 귀히 여기지 않는다.

모든 사람은 인격적인 대접을 받기 원한다. 성령의 열매에서 "친절(양선)"은 모든 사람을 인격적으로 대우하는 것을 뜻한다. 배운 사람이나 못 배운 사람이나, 가난한 사람이거나 부자거나, 윗사람이거나 아랫사람이거나, 장애가 있거나 없거나… 누구나 인격자로 대우해야 한다. 그런데 담임목사가 부교역자들을 비인격적으로 대하는 경우가 의외로 많은 것 같다. 소위 갑질이다. 후배들의 말을 들어보면 담임목사의 갑질이 악덕 기업주들의 수준을 넘어서는 경우들도 있다고 했다. 그런 담임목사와 함께 사역하던 부교역자들 중에는 마음에 큰 상처는 물론 심지어 원한을 품고 그 교회를 떠나기도 한다.

남성들에게는 독재적인 성향이 있다고 한다. 자신이 보스가 되고 부하들을 거느리면서 자기가 하고 싶은 대로 하려는 성향이다. 그래서 부교역자들을 동역자로 생각하기보다 부하직원이나 사역의 보조자로 생각한다. 그러나 마음을 돌이켜 부교역자들을 진심으로 동역자로 생각하고 일해 보시라. 그 결과는 아주 괄목하게 나타날 것이다.

그들은 모든 눌림에서 벗어나 자유로운 가운데서 많은 좋은 아이디어들을 제공하고 아주 충성스럽게 일하는 것을 보게 될 것이다. 필자는 특별한 지시를 하지 않았음에도 불구하고 부교역자들이 자기들끼리 모여 밤이 늦도록 의논하며 일하는 모습을 종종 보았다. 그리고 어떤 과제를 맡기면 필자는 생각도 못 한 좋은 계획들과 방안들을 만들어낸다. 또 자신들이 생각해낸 아이디어이므로 이를 시행할 때 매우 열정적이고 적극적으로 임한다. 그래서 결과도 좋다.

독재형의 담임목사와 일하는 사람들은 담임목사의 아이디어와 그의 지시 가운데 갇히고 만다. 그래서 창조적인 아이디어도 열정도 없이 억지로 마지못해 시키는 대로 일할 뿐이다. 교역자들 간의 관계가 딱딱하거나 건조하고, 분위기도 약간은 눌린 가운데 사역하는 경우가 대부분이어서 즐거움이 없다. 사역하는 동안 즐거움이 없으면 얼마나 힘들고 어렵겠는가?

필자는 부목사 시절에 하기 싫었던 일이나 힘들었던 일들을 가능한 부교역자들에게 시키지 않으려고 노력했다. 예를 들어, 월요일 새벽기도회나 명절 기간의 수요기도회 인도 등은 주로 담임목사인 필자가 감당하려고 노력했다. 그리고 돌발적인 일들이 생겨 설교를 맡은 부목사가 설교를 못하게 될 때에도 다른 부목사에게 맡기기보다 가능한 담임인 필자가 맡았다. 어차피 제대로 준비하지 못한 설교라면 담임목사가 하는 것이 그래도 낫지 않겠는가 하는 마음도 있었고, 부목사들에게 곤란한 일을 떠넘기는 것은 좋은 일이 아니라고 생각했기 때문이다.

필자는 부교역자들을 교인들보다 더 사랑하려고 노력했고 물론 더 중요하게 여겼다. 당연한 일이지만 말이다. 그리고 교역자들은 교인들에게 존경을 받아야 한다. 그런데 교역자들끼리 서로 존중하지 않으면서 어떻게 교인들에게 존경하라고 할 수 있겠는가? 거듭 말하지만 사람은 누구나 존중히 여김을 받아야 한다. 사람이라는 한 가지 이유만으로도 그러해야 한다. 말씀의 사역자들은 더욱 그렇다. 그 말씀이 하나님의 말씀이고 목사는 대언자이기 때문이다.

필자는 동역자들과의 공적인 모임은 일주일에 두 번 가졌다. 처음에는 화요일부터 매일 오전에 기도회를 하는 것으로 주간 일과를 시작했다. 그러다가 매일 조회를 하는 것이 시간 낭비 같다는 생각이 들어서 두 번으로 줄였다. 화요일은 조회형식으로 가지며 회의를 했고, 금요일은 평소보다 한 시간 일찍 모여 기도회를 가졌다.

기도회로 모였지만 우리들에게는 바로 예배였다. 주일이면 교역자들은 예배자로보다 사역자로 서야 하는 경우가 많음으로 교역자들인 우리들에게는 금요기도회 시간이 하나님 앞에 마음과 뜻과 정성을 다해 예배하는 예배시간이었다. 인도는 돌아가면서 했고 대개 한 시간 반 정도 찬송과 말씀과 기도로 예배를 드렸다. 우리들에게는 이 예배를 통해 주일예배를 인도할 영적인 준비가 이루어졌다. 그리고 우리 교역자들은 예배를 통해 서로 하나가 되어 갔다.

한 교회의 교역자 수가 3명 이하의 경우는 이런 기도회를 갖기가 쉽지 않을 것이다. 이런 경우는 이웃 교회의 교역자들과 함께 금요일 오전에 기도회를 가질 수 있으면 좋겠다. 동역자들이 서로 말씀을 나누고 기도하는 일은 영적인 재충전을 하는 데 매우 유익하다. 종교개혁자들은 같은 지역의 동역자들과 함께 금요모임을 가졌다고 한다.

물론 교역자들 중에는 좋은 관계 속에서 함께 일하기가 힘든 사람들도 있다. 이런 경우는 담임목사를 힘들게 하는 장로를 대하는 마음으로 기도하며 노력해야 했다. 이럴 때 성령의 열매인 친절과 자비와 오래 참음의 성품이 필요하다. 영혼을 사랑하는 마음으로 품고 참고 기다리고 기도하는 것이다. 그런 가운데서도 가룟 유다 같은 사람들이 나올 수 있다. 그러나 필자의 경우 다행히 그런 부교역자를 만난 일은 없다. 주위의 사람들이 가끔 필자에게 했던 말처럼 확실히 나에겐 인복(人福)이 있었다. 하나님이 범사에 부족하고 연약한 필자에게 주신 복이다.

5) 목사의 소명확인과 청빙

소명은 하나님의 부르심(calling)이다. 성령강림 이전에는 하나님의 부르심이 직접적으로 나타났다. 선지자들을 부르시고 그들을 파송하셨다. 또 선지자들에게 계시로 말씀하셔서 그가 세우실 자들에게 기름을 붓게 하시고 일을 맡기셨다. 봉사하는 제사장들의 차례를 정할 때는 제비를 뽑았다. 그리고 성령강림 직전에도 부족해진 제자의 수를 보충하면서 자격이 있는 두 사람을 선정한 후 제비를 뽑아 확정하였다.

그러나 성령강림 이후에는 달라졌다. 직접적인 부르심이나 제비뽑는 방법에서 교회를 통하여 선택케 하는 방법으로 바뀌었다. 계시가 완성되었고, 그리스도를 주로 믿고 세례를 받은 각 사람에게 성령께서 임하셔서 함께 하시기 때문이다. 그래서 그리스도의 지체된 모든 성도들은 누구나 성령님의 인도하심을 받을 수 있게 된 것이다. 그리고 성령을 받은 사람들이 모임이 교회임으로, 교회는 하나님의 뜻을 찾고 받드는 권위 있는 공동체가 되었다.

특히 하나님은 개개인에게 성령으로 말씀하시고 인도하시지만, 역시 개인은 하나님의 뜻을 분별하는 일에 온전치 못할 가능성이 크다. 그러므로 교회가 모여 기도하고 함께 하나님의 뜻을 찾고 확인하는 것이 필요하고, 또 이것이 더 완전하고 객관적이다. 따라서 하나님께서는 교회를 통하여 사람을 부르시고 세우시는 일을 하신다. 개인적으로 소명을 받은 사람이라 할지라도 교회를 통하여 그 소명이 확인되고 확정된다. 우리는 이것을 내적소명과 외적소명이라고 칭한다. 자신이 하나님의 부름을 받았다고 생각할지라도 이 부름은 교회를 통하여 확인되어야 한다.

이것은 목사로의 부름뿐 아니라 청빙에도 적용된다. 거듭 말해왔지만 교회가 직분자를 선택할 때 투표를 하는 것은 민주적인 방법을 통해 하나님의 부르심을 확인하는 절차다. 그런데 한국교회가 타락하고 세속화되어 이런 경건을 잃어버리고 인본주의에 깊이 물들어 있다. 사람을 세우는 교회도, 세움을 받는 사람들도 하나님의 부르심과 세우심에 대한 신앙과 경외심이 없다. 목사로서 소명을 받았다지만 자가발전인 경우도 많다. 외적 부르심을 통한 소명확인이 안 된 사람들이 신학교에 가고 신학교만 졸업하면 목사로 임직한다. 본래 목사의 장립은 교회의 청빙이 있어야 가능하다. 그러나 지금은 청빙하는 교회가 없어도 안수하여 목사로 세운다.

거기다 목사를 청빙하는 일도 거룩함이 없이 매우 세속적으로 이루어지고 있다. 청빙은 교회가 하나님의 부르심을 확인하고 수행하는 과정이다. 그런데 이런 과정에서 믿음과 경건을 잃어버리면 그것은 한갓 인간 놀음에 지나지 않게 된다. 교회가 사람을 불러 세울 때 갖는 신앙고백은 "교회의 주이신 그리스도께서 부르시고 세우신다"라는 것이다. 따라서 청빙은 받는 자나 하는 자 모두가 하나님의 뜻을 찾고 그것을 수행하는 자로서의 믿음과 경건이 있어야 하며, 거기에 합당한 품위가 있어야 한다.

그런데 안타깝게도 목사들이 먼저 청빙의 권위를 무너뜨리고 있다. 목사의 과잉배출과 질적 저하로 한국교회는 심각한 상황에 직면하고 있다. 신학교를 졸업하고 목사가 되었어도 사역할 곳이 없다보니 직장을 구하듯 교회를 찾아다닌다. 확실한 부름 없이 안수는 받았고 갈 곳은 없으니 어느 교회에 자리가 비면 그 교회의 청빙을 받으려고 취업준비생들처럼 치열하게 노력할 수 밖에 없다. 중대형 교회들에는 덜 하지만 중소형 교회들에는 담임목사의 자리가 비면 지원서가 수십 통씩 들어온다고 한다. 여기에는 하나님의 부르심에 대한 믿음도 경건도 다 뒷전이 된다.

이런 상황이다 보니 교회 역시 하나님의 부르심을 찾아 그 일을 수행하는 조심성과 경건을 잃어버리고 고용주와 같은 행세를 하게 되었다. 근래에 이루어지고 있는 청빙과정을 보면 회사들이 직원을 채용하는 것과 별반 차이가 없다.

중소형 교회들은 대개 다음과 같은 방법으로 목사를 청빙한다. 우선 교단 신문 등에 청빙광고를 낸다. 거기 보면 요구하는 제출서류가 있는데, 이력서, 자기소개서(여기다 목회철학, 비전 등을 진술해 달라고 요구하기도 한다), 주민등록등본, 신학교졸업증명서, 목사장립확인서, 추천서 등이다. 이런 서류들이 들어오면 청빙위원들이 모여 서류를 검토하고, 일단 청빙대상자를 압축한다. 압축된 명단을 가지고 위원들이 각기 여러 루트를 통해 정보를 수집한다. 그리고 그분들을 설교자로 초청해서 설교를 들어보고, 면담을 하기도 한다.

그런데 문제는 주로 이런 과정에서 일어난다. 어떤 교회들은 일차 선정된 목사들을 차례로 초청해서 설교를 듣고, 면접을 한다. 청빙위원들은 심사위원처럼 되고 목사는 심사대상자가 된다. 필자가 아는 교회들 중에는 같은 날 청빙 대상자들을 다 초청해서 차례로 면접을 한 교회도 있고, 심지어 어떤 교회는 설교 후 교인들이 다 모인 가운데 청문회 형식의 질의응답 시간을 가진 교회도 있다.

목사청빙이 이렇게 품위 없이 이루어지는 데는 그만한 이유가 있다. 우선 목사의 권위가 추락했기 때문이다. 목사들이 많고 지원자도 많으니 교회로서는 어떤 방법으로든 잘 알아보지 않을 수 없다. 장로들은 "믿을 수 없는 목사들이 많은 것이 현실 아니냐"라고 말한다. 이해가 된다. 그러나 목사는 교회의 영적 지도자이다. 성경은 목사를 양무리의 목자로 비유한다. 이런 지도자를 청빙하는 일은 그 직분과 권위에 합당하게 이루어져야 한다. 그래야 교회가 유익하다. 교회가 직원을 채용하는 것 같은 방식으로 목사를 청빙하고서야 어떻게 그를 존중하며 그의 가르침에 순종할 수 있겠는가? 그리고 영적인 권위가 서지 않는 목사로부터 어떻게 신령한 유익을 얻을 수 있겠는가?

품위 있는 목사청빙 방법은 없을까? 특별한 방법이 따로 있는 건 아니겠지만 어떻게 하면 경건과 예절을 갖추어 합당한 사역자를 선택하여 청빙할 수 있을 것인지를 기도하며 노력해야 한다. 이에 그 절차와 유의할 점들을 생각해 보자. 청빙위원회가 구성되면 무엇보다 먼저 기도회를 가져야 한다. 교회는 무엇보다 먼저 하나님께서 합당한 자를 보내주시도록 전심으로 기도해야 한다. 목사를 가리켜 "하나님의 사자"

라고 한다. 이것이 지금은 목사를 구별하고 높이는 말로 사용되고 있지만 본래 의미는 하나님의 보내심을 받은 사람이란 뜻이다. 우리는 교회의 직분자를 세우시고 파송하시는 분이 하나님이심을 믿는다. 그러므로 우리는 목사를 청빙하려 할 때는 언제나 하나님의 도우심을 구하는 간절한 기도와 깊은 경건이 있어야 한다.

둘째는 동역자들의 추천을 받는 것이 좋다. 청빙광고를 통해 들어오는 이력서에 의존하기보다 주변에 있는 목회자들로부터 추천을 받는 방법이 안전하다. 혹은 자원해서 보내온 이력서를 참고한다 할지라도 그를 잘 아는 분들은 역시 동역하는 목사들이므로 그들의 천거를 받을 수 있다. 목사에 대한 천거를 받으려면 선배, 연배, 후배 목사들에게 다 물어봄이 좋겠고, 현 시무교회나 이전 시무교회의 교인들에게 알아보는 것도 좋은 방법이다.

부목사의 경우는 담임목사가 추천하고 당회가 결정하는 것이 자연스럽다. 때론 담임목사를 견제하기 위한 수단으로 부목사를 청빙하는 경우가 있는데, 이는 교회에 아무 유익이 없고 문제만 더 커질 수 있다. 반대의 경우도 마찬가지다. 누구든 의도를 가지고 사역자를 이용하려는 것은 잘못이다.

셋째로 목사의 설교를 들어보는 것도 한 방법이나 가능하면 초청해서 들어보기보다는 시무하는 교회를 방문하거나 인터넷 등을 통해 간접적으로 알아보는 것이 좋고, 더 중요한 것은 한 번의 설교보다 평소에 그의 말씀사역이 어떠하며 그 열매가 어떠한가를 알아보는 것이다. 설교 한번 들어보고 판단하기는 일은 매우 어렵다. 평소에 좋은 설교자인데도 어떤 경우는 반응이 좋지 않을 수도 있고, 평소에는 말씀 사역이 약한데도 한두 번은 매우 은혜로울 수도 있기 때문이다.

넷째로 청빙대상이 압축되고 접촉순위가 대략 정해지면 청빙위원들이 해당 목사를 만나 대화를 갖는 것이 필요하다. 서로의 형편을 이해해야 청빙여부를 가늠할 수 있기 때문이다.

그러나 이 모든 일을 진행함에 있어서 언제나 살피고 조심해야 하는 것은 그리스도의 주권에 대한 우리의 믿음과 경건의 자세이다.

6) 은퇴 목사와 후임 목사의 관계

한국교회에서 일어나는 매우 불행한 일 중 하나는 담임목사가 은퇴하고 후임을 청빙하여 세우는 일이 원만하게 이루어지지 않는 경우가 많다는 것이다. 새 담임이 부임한 후 교인들이 분열되어 어려움을 당하는 교회가 한둘이 아니다. 왜 이런 일이 일어나는지 그 책임이 교인들에게는 전혀 없다고 말할 수 없지만 주로 은퇴 목사와 후임 목사에게 있다. 누군가가 잘못하거나 둘 다 잘못하여 생기는 일이다. 그리고 이런 갈등과 분열을 보면서 목사들은 그것을 세습하는 변명과 이유로 삼기도 한다.

이런 문제를 어떻게 해결할 수 있을까? 원만하고 은혜로운 리더십 교체를 이룰 수 있는 길은 없을까? 쉽지 않은 문제다. 그래서 한국교회 목회자윤리위원회(위원장 전병금 목사)에서는 이 문제를 두고 발표회를 가진 적이 있다. 두 분의 은퇴 목사와 두 분의 담임목사가 발표했는데, 거기서 나온 내용들은 주로 은퇴 목사와 후임 목사가 서로 조심하며 서로 도와야 한다는 것이었다. 필자가 그 내용을 아래와 같이 요약해 보았다.

(1) 은퇴 목사가 담임목사에 대해 유의할 일들

① 은퇴 목사는 먼저 자신이 은퇴했다는 현실을 인정하고 받아들여야 한다

　은퇴를 하고 후임자가 오면 일단 신자들의 태도가 달라질 수 있다. 은혜를 모르는 배신자들처럼 보일 수도 있다. 어제까지 시무하던 교회인데 은퇴 후에 가면 뭔지 모르게 외인처럼 느껴질 수 있다. 별 볼 일 없는 존재가 된 것이다. 자기에게 잘 해주리라 기대했던 후임이 실망을 줄 수도 있다. 그런 식으로 눈치를 보다보면 섭섭병이 생기고 원망이 나온다. 그러나 '내가 은퇴했으니 그게 정상이다'라고 받아들여야 한다.

② 후임을 칭찬하고 격려하라

　은퇴 목사가 후임자를 보면 철없어 보이고 서툴게 보일 수 있다. 또 오랜 세월 동안 목회해온 원로의 입장에서 보면 실제로 부족한 것들도 많을 것이다. 자기와 다른 것들도 있을 것이다. 그러나 사랑의 마음으로 보면 후임에게 반드시 장점들이 있을 것이다. 젊은 후임이 늙은 자기보다 나은 것들도 많을 것이다. 이를 칭찬하고 격려해주라는 것이다. 칭찬은 동물들도 좋아하는 일이라 하지 않는가.

③ 관용을 베풀라

　후임 목사가 개인적으로 은퇴 목사님을 무례하게 대하거나 잘못한다는 생각이 들어도 화내지 말고 참고 기다리며 용서하라는 것이다. 자식도 늙은 부모를 섭섭하게 하고 화나게 만들 때가 얼마나 많은가? 젊은이들의 문화는 옛날과 다르다는 것을 인정하고 "그러느니"하며 너그러운 마음을 곧 아버지의 마음을 가져야 한다.

④ 후임 목사 편에 서라

　교인들은 자기들을 부모처럼 돌보아주던 목사님이 떠나면 허전해 할 수도 있고, 그런 마음으로 비교의식에 빠지게 되면 후임 목사를 비판하고 허물을 들추어낼 수도 있다. 그러면서 교인들이 은퇴 목사를 찾아오거나 전화로 이런 말 저런 말을 할 수 있다. 그때 교인들의 말에 동의해주면 안 된다. 후임 목사가 범죄한 일이 없는 한 그를 보호하고 변명해주어야 한다. "더 기다려 보세요. 잘해보겠다고 저렇게 열심히 하고 있지 않습니까"라고 말해주라.

⑤ 후임 목사의 리더십을 인정하고 세워주라

　후임 목사는 그 교회를 위임받은 목사다. 그가 당회장이다. 그가 소신껏 일할 수 있도록 은퇴 목사가 그 리더십을 인정해주고, 간섭하는 일은 극히 삼가야 한다. 은퇴 목사의 목회적 개입은 치명적인 결과를 가져올 수 있다.

　그리고 후임자가 교회에서 전임자가 가졌던 리더십과 권위를 가질 수 있기까지는 상당한 기간이 필요하다. 아직 교인들의 온전한 신뢰와 존경을 받지 못하고 있을 때 장로들이 담임목사를 좌지우지 할 수도 있다. 은퇴 목사는 조용한 가운데 장로들로 하여금 담임목사의 좋은 협력자가 될 수 있도록 권면할 수는 있을 것이다. 물론 경우에 때라서는 전임자가 그 교회를 멀리 떠나가는 것이 후임자가 리더십을 세우는 데 도움이 될 수도 있다.

⑥ 기도하라

후임이 잘해야 한다. 그래야 평생 수고한 것에 보람을 느낄 수 있다. 그러므로 후임자가 목회에 성공할 수 있도록 기도로 도와야 한다. 은퇴 목사가 후임을 위해서 간절히 기도할 수 있다면 이야말로 진정한 사랑의 실천이 아니겠는가?

⑦ 위와 같은 일을 할 수 없거든 교회를 떠나는 것이 좋다

많은 경우 자신이 연약하고 부족한 줄 알기 때문에 교회에서 거치는 자가 될까 염려하여 아예 먼 곳으로 이사하는 은퇴 목사들도 있다. 교회로부터 이런 요구를 받는 경우도 있다. 이런 때도 너무 섭섭해 할 필요가 없다. 교회의 주는 그리스도다. 나보다 주님이 당신의 교회를 더 관심 있게 돌아보실 것이다. 주님께 맡기고 홀가분한 마음으로 떠나는 것이다. 그리고 멀리서 교회와 남임목사를 위해 기도하자.

(2) 담임목사가 은퇴 목사에 대해 유의 할 일들

① 존경하라

은퇴 목사는 후임 목사로부터 존경을 받을 만한 충분한 이유가 있다. 선배이고 어른이며, 교회를 위해 평생 헌신한 분이기 때문이다. 그리고 전임자의 생애와 사역을 귀하게 여기고 감사하라. "물을 마시는 사람은 그 우물을 판 사람을 생각하라(飮水思源)"는 말이 있다.

② 존경과 사랑을 구체적으로 표현하라

노인들은 젊은이들이 조금만 잘해드려도 쉽게 감동한다. 생일도 챙겨드리고 명절이 되면 작은 선물로라도 사랑의 표시를 하도록 하라. 은퇴 목사들이 겪는 마음의 고통이 많겠지만 그 중에도 사역현장을 떠난 데서 오는 외로움과 우울감이 가장 크다고 한다. 이를 누가 다 해결하고 온전한 위로를 할 수 있겠는가마는 부모에게 하듯 작은 정성이라도 기울이면 은퇴 목사에게는 큰 격려가 될 것이다.

③ 전임자가 해오던 일이나 목회 방법 등을 급하게 바꾸려 하지 말아야 한다

흔히 말하기를 대통령은 취임하고 일 년 안에 전임자와의 차별성을 나타내지 못하면 그 후에는 일하기가 어려워진다고 한다. 그러나 교회에서는 그렇지 않다. 예배순서, 주보의 양식 하나까지도 천천히 조심스럽게 바꾸는 것이 좋다. 차별성이 필요한 곳은 목회철학에서나 행정에서가 아니라 설교다. 후임자가 먼저 설교에서 권위를 얻어야 은퇴 목사

가 해오던 일을 변경할 수 있는 신뢰와 힘이 쌓인다.

④ 목회적인 조언을 구하라

후임자는 젊기에 명석한 판단과 강한 추진력이 있지만 그래도 경험은 은퇴 목사를 따를 수 없다. 은퇴 목사는 현재 후임자가 담임하고 있는 교회에서 거의 한 평생을 보낸 목회자이다. 그러므로 그의 도움을 받는 것이 결코 무익하지 않을 것이다. 또 도움을 청하는 것만으로도 은퇴 목사에 대한 존경과 예우가 될 수 있다.

⑤ 노인에게는 섭섭병이 쉽게 찾아온다는 것을 알고 이해해야 한다

은퇴 목사는 세월이 갈수록 육체는 물론 정신적으로도 약해지기 마련이다. 사람이 약해지면 자신감이 없어지고 다른 사람들의 눈치를 보게 된다. 그리고 작은 일에도 마음을 상하고 섭섭해 하기 쉽다. 이럴 땐 담임목사가 이해하고 관용하며, 때론 죄송하다는 말로 용서를 구하라. 모든 사랑은 결국 인류애로 통하게 된다. 우리는 관계를 넘어 보편적인 사랑으로 나아가야 한다.

간증 필자는 65세에 은퇴했습니다. 후임자는 부목사들 중에서 한 사람이 청빙을 받았습니다. 후임 목사는 나와의 나이 차이(26세)가 커서 처음에는 우려하는 사람늘노 있었지만, 순조롭게 세대교체가 이루어지고 교회는 안정되고 평화로운 가운데 든든히 서가고 있습니다. 이를 아는 목사님들과 장로님들은 종종 나에게 "그

쉽지 않은 일을 어떻게 그렇게 아름답게 할 수 있었느냐?"고 묻습니다. 심지어 그 과정과 결과를 소책자로라도 만들어 줄 수 없겠느냐며 요청한 분도 있습니다.

나는 은퇴를 앞두고 18개월 전에 청빙위원회를 조직했습니다. 시무장로님들 모두와 집사와 권사들 몇 사람을 합하여 15명으로 조직하였습니다. 장로님들을 청빙위원회에 다 들어가게 한 것은 이중적인 논의를 하지 않도록 하기 위해서였습니다. 청빙위원회의 결정을 당회에서 다시 논의하다 보면 새삼스럽게 논란이 일어나는 경우들이 많으므로 이를 피하기 위함이었습니다. 물론 시무장로님들이 많은 교회에서는 모두가 다 청빙위원이 될 수 없기 때문에 대표자를 선정하여 위원회를 구성하되 청빙위원회에 전권을 맡기는 것도 하나의 방법이 될 수 있을 것입니다.

그리고 청빙위원회의 조직을 이렇게 일찍 한 이유는, 만약 우리 교회 밖에서 후임자가 결정되면 한 해 동안은 나와 동사하면서 천천히 인수인계를 하겠다는 것이었고, 만약 현재의 부목사들 가운데서 결정되면 그에게 일 년 동안 안식년을 주어 담임으로서의 사역을 준비하도록 하기 위함이었습니다.

이렇게 청빙위원회를 구성하고 첫 모임에서 나는 "후임자 청빙하는 일에 나는 일절 관계하지 않겠습니다. 그러나 한 가지 부탁이 있습니다. 그것은 기도하면서 후임자를 찾되 바깥에서만 찾지 말고 우리 교회 부목사님들 중에서도 할 만한 목사님이 있는지 살펴봐주십시오."

그 후 청빙위원들은 토요일마다 모여 기도회를 가졌습니다. 한 시간쯤 기도회를 가진 후 가볍게 저녁 식사를 하고, 30분 정도 회의를 한 뒤 헤어졌습니다. 이 기도회는 7개월 동안 계속되었습니다. 그리고 위원들은 진행되는 과정을 성도들에게 알리며 아주 투명하게 진행했습니다. 은퇴한 장로님들에게도 브리핑하며 의견을 구하고, 때론 중직자들을 모아 그렇게 하였습니다. 나는 후임자청빙에 관여하지 않겠다고 했지만 청빙 위원장은 종종 나를 찾아와 진행 사항을 알려주고 조언을 구하기도 하였습니다.

그리고 우리 교회 교인이면 누구나 후보자들을 천거할 수 있게 하였고, 특별히 목회를 은혜롭게 잘하는 목사님들이나 신학교 교수님들로부터 추천을 받았습니다. 그러다가 외부에서 추천된 목사가 5명으로 압축되었고, 내부에서는 3명의 부목사님이 후보 대상으로 선정되었습니다. 그러나 추천된 5명의 목사님은 자신들이 사양한 분들도 있고, 혹은 시무 중인 교회의 성도들이 강력하게 반대하는 등의 이유로 5명이 다 후보에서 빠지게 되었습니다. 이렇게 되니 부목사님들 세 사람만 후보자가 되었습니다. 나는 이렇게 되는 것을 보고 위기를 느꼈습니다. 한두 목사님이면 모를까 부목사가 세 명이나 후보자가 되었으니 교인들의 생각이 사분오열될 것 같아서입니다. 고린도교회에서처럼 '나는 바울, 나는 게바, 나는 아볼로…' 이렇게 될 수 있기 때문입니다. 또 실제로 이런 움직임들이 감지되기도 하였습니다.

그러다가 청빙위원회에서 11월에 그 중 한 명으로 결정하였습니다. 청빙위원회에서 다수표를 받은 목사님을 최종후보로 하되 그렇게 되면 다른 목사를 지지했던 위원들도 다수표를 얻은 분의 청빙을 모두 찬성한다는 결의를 미리 해놓았다고 합니다. 그래서 교회에 발표할 때는 "전원합의"로 최종후보자를 선정했다는 것을 알리도록 했다는 겁니다. 세 후보자를 두고 위원들이 투표할 때도 처음에는 지지하는 사람을 두 사람씩 써내도록 하고 세 사람 중에서 표를 가장 적게 받은 목사님을 탈락시키고, 두 번째는 두 목사님을 두고 투표를 했는데 절대다수로 현재의 담임목사님이 최종후보자가 되었다고 합니다. 그리고 다른 목사님에게 투표했던 위원들도 기쁘게 그를 받아들였습니다. 최종후보자가 된 목사님은 세 목사님들 중에서 가장 젊었고 또 후배였습니다.

이리하여 이제 최종후보자를 교회에 광고하고 한 주간 후에 공동의회를 하기로 하였습니다. 그런데 나는 그때부터 초긴장 상태에 들어갔습니다. 왜냐하면, 최종후보인 김석홍 목사가 공동의회에서 2/3의 동의를 얻을 수 있을 것이라는 확신이 없었기 때문입니다. 그가 부족해서가 아니라 교인들의 호불호 때문입니다. 청빙위원회가 최종후보자를 발표했을 때 교인 중에는 자기들이 좋아하는 목사가 안 되었다고 우는 사람들도 있었고, 나를 찾아와서 항의하듯 말을 한 교인들도 있었습니다. 세 목사님 다 나름대로 지지자들이 많았기 때문입니다. 나는 그들에게 "이것은 하나님의 뜻임이 분명합니다. 청빙위원들이 얼마나 많이 기도하며 이 일을 진행했는지 아시지 않습니까." 그러면서도 내가 두려워했던 것은 만약 김 목사가 공동의회를 통과하지 못하면 김 목사만 끝나는 것이 아니라 세 목사가 다 끝날 수 있기 때문이었습니다.

외부에서 추천된 목사님이라면 1번 후보가 안 되면 2번 후보로 시도해 볼 수 있지만, 교회 안에 있는 목사님들이기 때문에 이 목사님이 안 됐다고 저 목사님을 다시 후보로 내세울 수 없는 일이었습니다. 내세운다 하더라도 김 목사님을 지지했던 교인들의 반발이 아주 클 것이고 교회는 상당기간 동안 큰 혼란을 겪을지도 모를 일이기 때문입니다. 그래서 나는 공동의회를 좀 연기하는 것이 어떨까 하는 생각도 해봤습니다. 반대하는 사람들을 설득하는 시간을 갖기 위해서였습니다. 그러나 청빙 위원장은 바로 하는 것이 낫다는 의견이어서 그의 의견대로 공동의회를 바로 개최키로 하였습니다.

한 주 후에 열린 공동의회에서 김 목사는 91.3%의 지지를 얻었습니다. 역시 우리 교인들은 성숙했습니다. 비록 자기 마음으로는 찬성이 되지 않았어도 그 마음을 누르고 청빙위원회의 결정을 받아들였던 것입니다. 장로님들이 매주 토요일마다 기도하는 것을 보았기 때문에 이는 하나님의 뜻이 확실하다고 믿고 받아들인 것입니다. 또 놀라운 것은 담임목사의 청빙이 가결되었다고 선언했을 때 아무도 박수를 치거나 환호하지 않았습니다. 나는 잠시 의아해했지만 역시 우리 교인들의 수준이 나보다 더 높았습니다. 교인들은 담임목사의 후보에서 탈락한 두 목사님을 생각해서 그랬던 것입니다. 그때 나의 눈에는 눈물이 맺혔습니다.

2. 멤버십 관리

멤버십 관리를 간단하게 정의하면, 사람들에게 복음을 전하여 생명을 얻게 하고, 생명을 얻은 자들로 하여금 그리스도인으로서 풍성한 삶을 누리게 하며, 이들을 훈련하여 하나님 나라의 일꾼으로 세우는 사역이라고 할 수 있다. 여기서 목회자에게 가장 우선적이고 중요한 사역은 "복음을 전하여 생명을 얻게 하는 일"인데, 이것이 바로 입교관리다. 입교관리를 잘못하면 교회의 거룩함을 훼손시킬 수 있고, 입교관리를 잘하면 교회다운 교회—건강한 교회를 세울 수 있다. 그러므로 교회갱신은 입교관리에서 시작해야 한다.

1) 입교준비의 네 가지 과정

필자는 교회에 나온 초신자를 양육하여 교회의 회원으로 받아들일 때 아래와 같이 네 가지 과정을 밟도록 인도하였다.

(1) 초급반

　세례준비를 위한 성경공부 초급과정인데, 예수님을 믿기로 작정한 사람들에게 복음을 전하고 가르칠 뿐 아니라 크리스천의 삶의 기본을 가르쳐 익히게 하는 과정이다. 이 초급과정은 필자가 목회를 시작하면서부터 「새신자 성경공부」(규장문화사)라는 교재를 만들어 거의 20년 동안 줄기차게 교육했다. 필자는 그때나 지금이나 새 신자나 초신자 양육은 반드시 담임목사가 해야 한다는 생각을 갖고 있다. 그래서 은퇴할 때까지도 중급이나 고급 성경공부 과정은 부교역자들에게 맡기고 초급자들을 위한 양육과정은 필자가 맡았다. 자녀가 어릴 때는 부모가 직접 양육한다. 더 자라면 학교에도 보내고 전문적인 지식을 가진 사람들의 가르침도 받게 하는 것과 같은 이치다.

　그리고 필자가 목회하면서 알게 된 것이지만, 의외로 많은 교인들이 구원의 확신이 없거나 신앙생활의 기초가 제대로 돼 있지 못하다는 사실이다. 그래서 필자는 우리 교회에 등록한 교인들은 누구나 할 것 없이 모두 이 초급과정을 이수하도록 요구하였다. 그러면서 생각지도 못했던 부수적인 큰 유익도 얻었는데 그것은 담임목사인 필자가 교인들과 친밀한 관계를 맺을 수 있게 된 일이다. 교인들의 숫자가 불어나면서 필자가 심방도 제대로 할 수 없게 되고 따라서 교인들을 가까이에서 만날 기회가 점점 줄어들었다. 그렇지만 초급반 과정에서 12주 동안 계속 만나게 되면서 서로 가까워질 수 있었다.

　이렇게 하다가 향상교회를 설립하고 몇 해 후부터 교재를 바꾸었다. 필자가 휴스톤 서울교회의 최영기 목사를 만나면서 그가 하고 있는

<생명의 삶 공부>(13주 과정)를 알게 되었기 때문이다. 이 공부는 교리적으로 접근하지 않고 삶에 강조점을 두고 있어서 필자의 교재보다 훨씬 나았다. 물론 <생명의 삶 공부>는 특정한 교재에 의존하고 있는 공부가 아니다. 최 목사가 나름대로 주제를 정하여 강의를 하고 있었는데 그 강의 내용이 아주 파워풀하였다.

　최 목사가 강의를 시작한 지 20년이나 가까이 지난 후에야 된 일이지만, 이 강의를 구미남교회의 천석길 목사가 정리하여 교재로 만들었다. 그래서 이제는 누구나 쉽게 이 공부에 접근할 수 있게 되었다. 그 전까지는 최 목사의 강의를 누군가가 녹취하여 만든 파일이 있었는데 많은 목사들이 이것을 카피하여 교재처럼 사용하고 있었다. 천 목사가 이것을 교재로 만들어 2009년에 초판을 냈고, 2012년에는 이를 보완하여 완성된 개정판을 냈다. 이 교재가 바로 『가정교회 삶 공부 첫 단계』(요단출판사)이다.

(2) 성경 읽기

　성경을 한 번 이상 읽게 하고 성경상식 시험을 치렀다. 성경도 한 번 읽어보지 않고 세례를 받으려고 하는 사람들이 의외로 많다. 성경을 한 번 읽는다고 많은 지식을 얻게 되는 것은 아니나 신앙생활을 시작하고 세례를 받으려고 하는 사람이 당연히 가져야 할 마음의 자세이고 열심이라고 필자는 생각했다. 청소년들의 경우는 다른 준비가 되었어도 성경을 읽지 못해서 입교문답신청을 하지 못하는 경우들이 많아 신약성경을 한 번 읽는 것으로 조건을 낮추었다. 그리고 중고등부에서는 방학을 이용하여 2박3일 동안 성경통독수련회를 갖고 세례를 준비토록 하였다.

성경상식시험은 준비공부를 위해 예제를 만들어 미리 나누어주었다. 사실 교회에서 시험을 친다는 것은 그 부담이 거의 전적으로 교역자에게 주어진다. 교인들 중에 시험에 떨어지는 사람이 있도록 해서는 안 되기 때문이다. 여러 모로 잘 준비시켜서 모두 다 60점 이상은 받도록 만들어야 한다. 시험에 떨어져서 세례를 못 받고 미루어지게 되면 그 교인은 진짜 시험에 들게 될 것이다.

(3) 신앙고백서를 작성

세례는 공적인 신앙고백의 예식이다. 그러므로 세례받는 사람이 회중 앞에서 신앙고백을 하게 하는 것은 필수적인 절차다. 물론 문맹자나 혹은 특별한 사정으로 글을 쓸 수 없는 경우는 예외로 하지만, 필자는 가능한 한 세례를 준비하는 교인들 모두가 신앙고백서를 작성할 수 있도록 요구하며 도왔다. 세례를 위한 예비공부를 하는 동안(12-13주) 기본적인 신앙고백의 내용을 잘 가르치는 것은 물론 신앙고백서 작성에 대한 안내와 구체적인 지침을 준다. 그리고 잘 작성된 고백서를 예문으로 보여주기도 했다.

신앙고백서에 들어가야 할 내용과 순서는 1. 신앙생활을 시작하게 된 동기와 과정 2. 신앙생활을 시작하고 난 후의 변화 3. 성삼위 하나님에 대한 신앙고백이다. 특히 이 내용이 가장 중요한데 여기에는 다음과 같은 세 가지의 질문이 있다. ① 성부 하나님은 누구이시며 그가 하신 일과 하시는 일은 무엇인가? ② 성자 하나님이신 예수 그리스도는 누구이시며 그가 우리를 위해 하신 일과 하시는 일은 무엇인가? ③ 성령 하나님은 누구이시며 그가 우리를 위해 하신 일과 하시는 일은 무엇인가? 4. 예수 그리스도를 구주로 믿는 사람이 받아 누리는 은혜는 무엇인가? 5. 믿는 자들에게 주어진 내세의 소망은 무엇인가? 이런 질문에 답을 하는 형식으로 쓰게 하는 것이다. 그리고 제출된 신앙고백서의 내용이 미흡하면 이를 돌려보내서 보완하도록 지도했다.

그런데 막상 위와 같이 해보려고 하면 쉽지 않다. 신앙고백서 작성을 회피하려는 사람, 정성 없이 대강 써내는 사람, 신앙고백서 작성 때문에 세례를 포기하려는 사람 등등 어려움이 많다. 그러나 필자는 말로만 하는 신앙고백보다 자신이 친히 작성한 신앙고백서를 제출하도록 최대한 지도하고 설득했다. 왜냐하면, 이를 제출하고 세례를 받는 경우와 말로서만 고백하고 세례를 받는 경우와는 그 은혜의 차이가 너무나 크기 때문이다.

[신앙고백서의 예]

- 아래 신앙고백서는 어느 자매님이 [생명의 삶 공부]를 마치면서 제출한 간증문인데 필자가 약간 보완하였습니다. 이것은 신앙고백서를 처음으로 쓰는 분들에게 모범 답안으로 예시했던 것입니다. 두 번째 것은 실버초원(70세가 넘은 어른들로 이루어진 교구)에 속한 교우님의 간증문입니다. -

예 1.
　　저는 OO 목장(목자 OOO)에 소속한 OOO입니다.

(교회에 다니기 시작한 동기와 과정)

저는 학생 때 교회에 가본 것 외에는 기독교에 대해 아는 것이 없었습니다. 결혼 후에는 시어머니를 따라 절에 몇 번 가보았습니다만 종교에는 별 관심이 없이 지냈습니다. 그러나 가정생활을 하면서 여러 가지 고민들도 생기고 어려움도 많아서 가끔은 하나님을 생각하기도 했습니다. 그러던 어느 날 이웃에 있는 집사님(집사님은 아이들이 같은 학교여서 이미 알고 지내는 사이였습니다)이 목장에 나와 보라고 했습니다. 이 모임은 이웃의 가족들이 함께 모이는 모임인데, 식사도 같이하고 어려움이 있으면 서로를 위해 기도도 하는 모임이라고 했습니다. 참석해보니 분위기가 좋았습니다. 또 저를 위해 기도해주시는데 부끄럽기도 했지만 고맙다는 생각이 들었습니다. 이렇게 몇 달 동안 목장모임에 참석하다가 교회에도 가자고 해서 지난 2월부터 처음으로 교회에 참석하였습니다.

저는 교회에 다니기 시작한 지 일 년도 채 안 되었습니다. 교회에 처음 나왔지만 뭔지 모르게 평안한 마음이 생기고 또 목사님의 설교가 마음에 와닿아 저도 모르게 이유도 없이 울었습니다. 옆에 있는 사람들에게 부끄러웠지만, 눈물이 그치지 않았습니다. 그리고 그 후에 목녀님이 [예수님 영접모임]에 가자고 해서 참석을 하였고, 거기서 담임목사님이 하라는 대로 예수님을 영접하였습니다. 예수님을 잘 몰랐지만 분위기상 영접해야만 할 것 같았습니다. 목사님도 "잘 몰라도 예수님이 좋은 분 같다는 생각이 들면 일단 영접하라"고 하였습니다. 영접하고 나니 뭔가 당황스럽고 무섭다는 생각도 들었습니다.

그리고 저는 지난 4월에 시작한 〈생명의 삶 공부〉 제0기에 등록하였습니다. 담임목사님이 말씀을 쉽게 해주셔서 그동안 막연하게만 생각했던 하나님을 좀 더 잘 알게 되었습니다. 그리고 교회가 어떤 곳인지, 신앙생활이 어떤 것인지, 또 기도와 성경 읽는 법도 배웠습니다. 그런데 숙제하는 일이 매우 힘들었습니다. 특별히 성경을 읽고 요약하는 일이 제일 힘들었습니다. 때로는 세 번 네 번 읽어도 요약이 되지 않아 중요하다고 생각하는 구절을 그냥 베껴 내기도 하였는데, 목사님은 그렇게 해도 된다고 하셨습니다.

그리고 성경을 읽는 일은 생명의 삶 공부를 시작하기 전부터 시작하였는데 목사님이 복음서부터 읽으라고 해서 그렇게 하여 신약성경은 다 읽었고 구약성경은 시편까지 읽었습니다.

(교회를 다니기 시작하고 난 후의 변화)

저도 약간 놀라는 변화가 있는데요, 그것은 일요일이 기다려진다는 것입니다. 전에는 일요일이 오면 산으로 가든지 아니면 집에서 어영부영하며 지낼 때가 많았습니다. 일상생활이 지루한 편이었지요. 그런데 지금은 토요일부터 마음이 이상하게 부산스러워지고 교회 갈 준비를 하는 저를 보게 됩니다. 남편은 이런 나를 이상하게 생각합니다. 그래도 방해를 하지 않아 고맙게 생각하고 있습니다.

교회에 나오면 마음이 편안해지고, 오늘은 목사님이 무슨 설교를 하시려나 하고 기대가 됩니다. 그리고 학교에 가면 수업시간에 목사님의 설교가 생각나서 내가 깨달은 것이라도 되는 것처럼 학생들에게 이야기하곤 합니다.[이 분은 초등학교 교사임] 그동안 주위 사람들이 교회 가자며 전도를 많이 했는데 내가 왜 그동안 반대하며 미루었는지 모르겠습니다.

(성삼위 하나님에 대한 신앙고백)

1. 하나님 아버지는 어떤 분이시며, 우리를 위해 무슨 일을 하셨으며 또 무슨 일을 하십니까?

답: 하나님은 천지와 만물을 다 창조하시고 사람도 하나님이 창조하셨다고 배웠습니다. 지금은 세상을 다스리시고 보호하십니다. 그리고 우리를 구원하시려고 아들이신 예수님을 보내주셨습니다.

2. 예수님은 어떤 분이시며 우리를 위해 무슨 일을 하셨고 지금은 무슨 일을 하시고 계십니까?

답: 예수님은 한 분밖에 없는 하나님의 아들이시고, 사람들을 구원하시려고 십자가에 못 박혀 죽으셨습니다. 그리고 하늘로 다시 올라가셔서 성령님을 보내주셨고 우리를 위해 기도하십니다.

3. 성령님은 어떤 분이시며 우리를 위해 어떤 일을 하십니까?

답: 성령님도 하나님이신데 우리와 항상 함께하시면서 우리를 보호하시고 인도하시며 은혜를 베푸시는 분입니다.

(예수 믿는 사람들이 받는 축복)

예수 믿으면 내가 잘못한 죄를 용서받습니다. 하나님의 자녀가 됩니다. 우리는 죽어도 다시 살게 됩니다. 그리고 천국에서 영원히 살게 된다고 배웠습니다.

제가 이렇게 썼습니다만, 솔직히 저는 아는 것도 적고 믿음도 약합니다. 그러나 앞으로 열심히 신앙생활을 해서 하나님 아버지께 칭찬받는 신자가 되겠습니다. 이것이 저의 소원입니다. 저를 교회로 전도해주신 목자 목녀님 너무 감사합니다. 따뜻한 마음으로 성경을 친절하게 가르쳐주신 담임목사님께도 감사드립니다.

예 2.

저는 실버목장(OOO 목자)에 속한 김 OO입니다. 저는 육남매 중 막내로 저에게는 18살 위의 형님과 누님 네 분이 있습니다. 어머님은 47세에 막내인 저를 얻고 귀한 아들이라고 손자 같은 아들 손을 잡고 집안 단골 산사에 많이 다니셨지요. 불교에 대한 특별한 지식도 영적인 교감도 없이 어머니 손을 잡고 풍광 좋은 산속의 절에 다닌 추억이 저의 종교였습니다.

작은 어촌에서 멸치어장을 하며 비교적 부유한 생활을 한 우리 집은 자연 재해와 마주서야하는 바다가 생활터전인 이유로, 불교에 근거한 많은 미신을 섬기고 제사도 엄중히 지내는 전통적인 시골 풍습의 가정이었습니다. 서울에서 대학을 다닌 막내누님 조차도 "야수교"라고 기독교에 대한 이상한 거부감을 갖고 있었지요.

처가도 보편적인 불교 가정이었고 일 년에 한두 번 아내와 같이 절에 시주하고, 명산에 있는 사찰을 관광할 때에도 꼭 부처님 앞에 공손히 절했습니다. 반야심경이나 목탁소리는 정서적으로 항상 친근했지요.

어장의 배가 풍랑을 만날까봐 두려워하며 극진히 제사를 모시던 고향집을 생각하면 성경에 갈릴리 호수에서 베드로가 어부였으며 예수님이 풍랑을 제압하시고 153마리 고기를 잡는 장면은 저에게 생생한 울림과 감동이었습니다.

하나님은 저희 가정에 삼남매를 주셨고 좋은 직장에서 승승장구하게 하셨습니다. 저에게 수많은 은혜를 주셨지만 저는 과음과 실수를 일삼는 어리석고 교만한 죄인이었습니다. 세 아이를 키우는 일에 많은 어려움이 동반했지만 기도할 줄도 모르고 계속 미련하고 무모하게 시간이 해결해 주리라는 막연한 생각으로 살게 되었지요.

그런 중에 막내인 아들이 초등학교 때부터 열심히 교회를 다녔습니다. 그 아들이 장성하여 결혼을 앞두고 있을 때 저는 성경공부를 해야겠다고 마음먹고 교회에 나가기 시작했습니다. 그 이유는 종교문제로 노년에 자식과 갈등하는 두려움이 앞섰기 때문이지요. 3년 정도 여러 교회를 전전하며 듣고, 의심하며 또 듣고, 혼란스러워하는 날들의 끝자락에 주님께서 향상교회로 인도하셨습니다.

복음서 한번 접하지 않고 벤허나 십계 등 영화 감상한 것이 예수님에 대해 전부인 저는 세속의 판단으로 교회와 목사님들을 비판하는 편견의 죄인이었습니다. 그러나 향상교회 설교 말씀은 매주 꿈처럼 다가왔고 가슴 벅찬 감동으로 저의 돌 같은 심장을 뛰게 하였습니다. 주님의 은혜입니다.

이제는 예수님이 나의 죄를 용서하고 천국으로 인도하시기 위해 십자가에 죽으신 것과 3일 만에 부활하신 것을 믿습니다. 자녀들과 함께 모이면 하나님을 예배하고 기도하는 믿음의 가정으로 살아갈 것입니다. 부르심을 받아 영혼이 깨어나서 회심이 반복되는 성화의 삶으로 나아가 성화의 완성으로 영화의 삶으로 이어 나아갈 수 있는 길을 가기 위해 쉬지 않고 성경을 탐독하고 기도하며 질문하면서 그리스도인의 삶을 살아갈 것입니다.

"순종하지 아니하고 거슬러 말하는 자에게 종일 내 손을 벌렸노라"(롬 10:21) 고 하신 주님 감사합니다.

(4) 면접

담임목사(혹은 당회)가 면접을 통하여 기본적인 신앙고백을 확인하는 단계다. 여기서 필자는 주로 두 질문으로 세례 지원자의 신앙을 확인한다. 첫 질문은 "그리스도의 속량을 알고 믿느냐?"이며, 두 번째 질문은 예수 그리스도를 자신의 주님으로 영접했는지를 확인하는 질문이다. 세례지원자가 과연 예수 그리스도를 진실로 자신의 "주"로 영접한 사람인지, 그리고 범사에서 그리스도를 주님으로 인정하고 그의 뜻대로 살기로 결단하였는지 확인한다. 곧 그의 고백과 삶 속에 그리스도의 주되심(the Lordship)이 어떻게 나타나고 있는지를 스스로 살피게 한다.

위 네 가지 과정을 다 통과하면 주일 낮 예배 시간에 세례를 베풀고, 그가 이미 제출한 신앙고백서를 교인들 앞에서 낭독하게 함으로써 입교절차가 완결된다. 이렇게 하려면 한 예배에서 2명 이상에게 세례를 베푸는 일이 어렵다.

다음은 유아세례를 받은 교인들과 천주교에서 개종하는 교인들의 입교 문제다. 유아세례를 받은 교인들의 경우 나이 14-5세가 되면 입교서약(confirmation)을 위한 준비를 하도록 안내한다. 이 경우 세례를 준비하는 사람들이 거쳐야 하는 과정을 같이 거치게 하여 입교식을 갖는다. 천주교에서 영세를 받은 사람이 개종하려 할 경우도 마찬가지 과정을 이수하게 하고 입교를 허락한다. 다만 천주교에서 영세를 받았어도 본인이 다시 세례를 받겠다고 청원하면 이를 허락하고 세례를 베풀었다.

2) 예수님 영접모임

세례 준비의 필수적인 과정은 아니나 필자가 아주 중요하게 여기며 해온 일들 중 하나가 <예수님 영접모임>이다. 이 모임은 최영기 목사에게서 전수받은 전도 프로그램이다. 이는 전도 대상자나 초신자들을 초청하여 담임목사가 직접 복음을 전하는 모임이다.

일반적으로 전도자들이 열심히 전도해서 사람들을 교회로 데리고 나와도 그 대상자들이 제대로 신앙생활을 시작하는 경우는 20-30%도 채 넘지 못한다. 그리고 처음 교회에 나온 사람들의 경우 그들에게는 모든 것에 다 익숙하지 않아서 어색하기 짝이 없다. 그리고 이들에게는 설교말씀을 듣는 것도 어렵다. 그래서 이들이 설교를 통해 복음을 알게 되려면 1-2년 이상이나 걸린다. 그러다보면 큰 결단으로 시작한 신앙생활이 한두 달 만에 중단되는 경우가 허다하다. 이를 방지하고 처음부터 바로 복음의 핵심에 접할 수 있게 하여 신앙에 입문할 수 있도록 도와주는 것이 매우 중요하다.

교인들에게 전도대상자들을 모시고 오게 하여 약 1시간 30분 동안 예수님을 소개한다. 예수님은 어떤 분이신지, 우리를 위해 무슨 일을 하셨는지, 그를 믿고 영접하면 어떤 복을 받게 되는지를 소개하고 예수님을 영접하도록 안내하는 것이다. 필자의 경험으로 보면, 이 자리에 참석하기만 하면 한두 사람 외에는 모두 예수님을 영접하겠다고 손을 들거나 일어섰다.

그런데 필자가 이 모임을 첫 번째로 가졌을 때는 실패했다. 너무 많은 사람이 모인데다 필자의 복음 메시지 전달이 어설퍼서 참석자들이 지루해했기 때문이다. 그래서 영접확인도 영접기도도 제대로 하지 못한 채 끝내야 했다. 전도는 어설프게 해놓고 예수님을 구주로 영접할 사람은 일어서라고 요구할 만한 체면이 없었다. 이 첫 모임의 실패가 필자로 하여금 얼마나 치열한 반성을 하게 만들고 또 분발하게 했는지 모른다. 기도는 물론 메시지 전달 연습을 수없이 했다. 다행히 제2기부터는 눈물을 흘리며 예수님을 구주로 영접하는 사람들도 있어서 크게 격려가 되었다.

필자는 이 모임을 통하여 불신자들에게 직접 복음을 전할 수 있어서 무엇보다 큰 보람과 기쁨을 얻었다. 그리고 전도대상자를 데려온 교인들로서는 자기가 데려온 사람이 확실하게 신앙생활을 시작할 수 있게 되었다는 것 때문에 너무나 감사하고 기뻐했다. 또 목회자에게는 자기를 통해 예수님을 영접한 사람들을 바로 제자로 삼을 수 있다는 것도 목회의 효과적인 방편이고 열매이다. 담임목사의 전도를 받아 신앙생활을 시작한 사람들은 병아리가 어미 닭을 따르듯 전도자를 따르게 되기 때문이다. 또 예수님을 영접한 사람들은 바로 이어 [생명의 삶] 공부를 하도록 안내를 받게 되는데 대부분 이 공부에 참여한다. 이 초급과정의 공부도 담임목사가 인도해야 한다.

3) 전입 교인들의 등록 절차

한국교회는 교인들의 교회 간의 이동에 대한 아무런 규정이 없다. 한국교회는 거의 모든 교회가 교인들의 전출입에 대한 관리지침을 갖고 있지 않으므로 멤버십 관리가 제대로 안 되고 있다. 3-40년 전에는 교회를 옮길 때 이명증을 발부하는 경우가 간혹 있었으나 지금은 이명증이란 것이 있다는 사실조차 모르는 교인들이 대부분이다. 성장주의가 한국교회를 휘몰아치면서 입교나 등록 절차를 통한 교인들의 신분 관리가 거의 실종되다시피 되고 말았다. 다시 말하면 교회의 울타리가 없어져 버린 것이다. 등록 관리를 입교 관리와 같은 수준과 비중으로는 할 수 없을지라도 좀 더 확실하게 해야 할 필요가 있다.

우리가 어떤 상황에서도 교회이 거룩함을 지키려는 노력을 포기해서는 안 된다. 교회가 타 교회로부터 오는 교인을 받을 때 최소한의 기본적인 절차라도 밟도록 하여 그들의 신앙상태를 확인하고 신앙성장을 도울 준비를 해야 한다. 더구나 이단자들이 교회를 침투하는 경우도 있고, 불건전한 교회들에서 오는 교인들도 있으므로 등록하려는 교인들의 말만 듣고 아무런 확인 없이 등록을 받는 것은 삼가야 한다. 등록에 관한 향상교회의 지침을 하나의 예로 소개한다. 향상교회를 안내하는 전단에 이래와 같이 나와 있다.

향상교회의 등록 안내

초신자와 기성 신자의 등록 절차와 방법이 다릅니다. 초신자(VIP라고도 함)란 아직 세례 받지 않은 교인들을 말하며, 기성 신자란 이미 세례를 받고 신앙생활을 계속해 온 교인을 말합니다. 그러나 세례를 받은 후 2년 이상 신앙생활을 중단한 사람은 초신자와 동일하게 생각합니다.

1. 초신자의 경우
1) 등록을 원하시면 새가족부에 가셔서 예비등록신청서를 작성하여 제출합니다.
2) 신청서를 작성하신 후 담임목사와 면담 시간을 갖습니다.
3) 4주 동안 새가족공부를 합니다.
4) 가정교회(목장)을 소개받아 한 달 이상 출석하셔야 합니다.
5) 위 네 가지 절차가 다 끝난 후 본인의 결심이 서시면 목장과 연합목장인 향상교회에 정식으로 등록합니다.

2. 기성 신자의 경우

　　*우리 교회는 기성 신자는 원칙적으로 등록을 받지 않습니다. 이유는 우리 교회가 영혼을 구원하여 제자 삼는 일에 집중하기 위해서입니다.

1) 위 원칙에도 불구하고 자신이 가정교회를 알고 싶어 하고, 가정교회 운동에 적극적으로 참여하기를 원하면 일단 새가족부에 오셔서 방문카드를 작성하시고, 자신의 집에서 가까운 목장을 소개받으시기 바랍니다.
2) 소개 받은 목장에 6번(두 달) 이상 참석해 보신 후 결심이 서시면 목자의 추천을 받아 새가족부에 다시 오셔서 예비등록신청서를 작성하십시오.
3) 신청서 작성 후 담임목사와 면담 시간을 갖습니다.
5) 4주 동안 새가족공부를 합니다.
6) 위 절차가 다 끝나면 정식으로 등록합니다.

향상교회가 이미 세례를 받고 신앙생활을 계속해온 교인들의 등록을 받지 않으려고 하는 것은 등록하려는 교인들을 막기 위해서가 아니라 교인들의 전도를 장려하기 위해서다. 큰 교회들의 경우 교인들이 전도를 하지 않아도 전입하는 기성 교인들이 많기 때문에 교인 수는 계속 늘어난다. 이렇다보니 대다수의 교인이 교회생활만 즐길 뿐 전도할 생각을 하지 않는다. 전도로 영혼 구원하는 일이 그리스도의 제자 된 교인들이 수행해야 할 가장 큰 사명이고 교회의 존재 목적인데도 불구하고 말이다. 목회자도 교인들도 이를 잊어버리고 사는 경우가 많다. 그래서 필자는 교인들이면 누구나 대사명(마 28:19, 20)을 기억하고 순종하기 위하여 약간은 과격한 방침을 세운 것이다.

3. 직분자 세우기

장로교의 경우 교회 직분을 크게 둘로 나눈다. 곧 항존직과 임시직이다. 항존직이라 함은 교회에 항상 있어야 할 직분이라는 의미이다. 이는 한 번 임직을 하면 평생토록 그 직분을 갖는다는 의미의 평생직과는 다른 명칭이다. 항존직은 대개 평생직이지만 말이다. 장로교에서는 장로와 집사를 항존직이라고 한다. 장로직은 두 반열로 나누어지는데, 목회를 전문으로 하는 목사 장로와 일반 직업을 가지고 있기 때문에 목회를 전문적으로 하지는 않으나 목사를 도와 함께 목양하는 치리 장로가 있다.

항존 직분자를 세우려 할 때는 공동의회(교인총회)에서 투표로 선택한다. 개신교는 천주교와 달라서 교회의 회원은 하나님 앞에서 누구나 평등하다고 믿는다. 하나님의 말씀인 성경이 모든 교인(회원)들에게 펼쳐져 있고, 그리스도를 구주로 믿고 영접한 사람들은 성령을 받았으므로 누구나 하나님의 뜻을 분별할 수 있다고 인정한다. 그래서 교회가 중요한 의사결정을 하려 할 때는 모든 회원이 동등한 자격으로 회의나 투표에 참여케 한다. 이것이 하나님의 뜻을 찾는 안전하고 효과적인 방법이다.

임시직은 "항존직을 도우는 직분"이라고 정의할 수 있다. 장로교의 경우 임시직에는 권사, 서리 집사, 전도사, 목사 후보생 등이 있다. 권사는 교파에 따라 항존직으로 분류하기도 한다. 임시직은 대개 당회가 임명하는 것이 관례처럼 돼 있다. 그런데 당회가 임시직인 서리 집사를 임명할 때도 일정한 자격을 정하고 그 자격에 부합한 교인들을 임명함으로써 교회 직분의 남발을 막을 필요가 있다.

1) 장로, 집사의 선택

(1) 민주적인 행정

직분자를 선택하는 일로 교회가 어려움을 당하는 경우가 비일비재하다. 그러므로 이 일이 교회의 주이신 그리스도를 경외하는 믿음과 경건한 분위기 가운데서 이루어지도록 목회자가 많이 기도하며 신중하게 준비하고 진행해야 한다. 직분자를 세우려 하면서 목회자 자신이 결단코 세상적이고 육적인 생각을 가져서는 안 된다. '저 사람이 장로[집사]가 되면 나의 후원자가 될 것인데, 연보를 많이 할 것인데, 저 사람이 이번에 안 되면 시험에 들어 문제를 일으킬 것인데…' 등등의 생각을 가져서는 안 된다. 이런 인간적인 기대를 하고 자신이 원하는 사람을 세우면 반드시 실망하게 될 것이다.

목회자는 그야말로 교회의 주인이신 그리스도의 주권을 존중하며,

주께서 원하시는 사람이 세워져야 한다는 믿음을 가져야 한다. 목회자가 먼저 그리스도를 경외하고 그의 주권에 충성해야 한다. 제대로 자격을 갖춘 자가 얼마나 있겠는가마는 그런 중에서도 주님이시라면 어떤 사람을 더 낫게 여기실까 하는 마음으로 기도하는 것이다. 목회자가 이런 믿음을 가지면 이것이 은연중에 교인들에게 나타나게 돼 있다. 그리고 더 적극적으로는 교인들도 이런 믿음과 경외심을 갖도록 부지런히 가르쳐야 한다. 그리스도의 주되심에 대한 믿음이 교회 내 민주적인 행정의 바탕이다.

(2) 선택을 위한 구체적인 준비

첫째 목회자는 장로나 집사로 세울만한 사람들이 있는지를 잘 살피고, 당회원들과 의논하여 선택할 인원수를 정한다. 둘째로 집사나 권사를 선택할 경우는 그 대상자(후보자)를 당회가 잘 살펴서 기본자격을 갖춘 서리 집사들로 명단을 작성한다. 필자의 교회에서는 교인 중에서 주일성수와 십일조헌금 그리고 한 가지 이상 교회 봉사에 참여하고 있는지의 여부를 살펴 명단을 작성했다. 그리고 이 명단을 목자들에게 미리 배부하여 명단의 정확성을 검토하도록 하고 이것이 끝나면 이를 항존직 제직들과 목자 목녀들에게 배부한다. 그리고 적당한 시일이 지난 후 항존직 제직들과 목자 목녀들의 모임에서 선택할 인원수의 1.5 배수를 투표로 뽑아 이들을 공동의회에 추천한다. 당회는 여기서 추천된 후보자들의 명단을 한 달 동안 교회에 공고한 후 공동의회에서 투표하여 2/3 이상의 득표자로 선택한다.

장로들을 선택할 때도 같은 절차를 밟는데, 장로 선택의 경우는 그 대상자를 안수 집사들 중에서 결격사유가 없는 자로 한다는 것만 다르다. 그런데 주일예배 회집수가 200명 이하의 중소형 교회에서는 추천 없이 바로 투표하는 것이 더 바람직하지 않을까 사료된다.

2) 서리 집사 임명

필자는 일단 당회에서 서리 집사 임명대상자를 정한 후 그 대상자들에게 "임명동의서"(내용은 바뀔 때도 있다)를 나누어주고 임명에 대한 가부를 본인이 결정하도록 하였다. 이렇게 한 이유는 본인이 별 생각 없이 직분자로 임명받는 경우가 없도록 하기 위함이다. 물론 자신의 동의를 받아 임명했다 해서 모두 충성된 일꾼이 된 것은 아니지만 그래도 교육적인 효과는 상당히 있었다. 그리고 향상교회에서는 목장(소그룹모임)에 소속되지 않은 교인들에게는 정회원의 자격을 주지 않는다는 것을 정관에 명시하고 있고, 정회원이 아닌 사람은 직분자로 임명하지 않는다.

아직 당회가 없는 미조직교회에서는 담임목사가 바로 임명할 수도 있지만, 서리 집사로 임명할만한 자격자들의 명단을 공동의회에 제출하여 투표로 세우는 것도 고려해 볼만 하다.

서리 집사 임명동의서

본 교회 당회는 귀하께서 주님과 교회의 일꾼으로 봉사할 수 있을 만한 믿음이 있는 줄로 여겨 서리 집사로 임명코자 합니다. 그러나 당회는 귀하의 사정을 다 알 수는 없으므로 임명 전에 귀하의 동의를 받고자 하오니 아래 유의사항을 읽고 기도하신 후 동의 여부를 결정하여 서명해 주십시오.

유의사항
1. 집사는 구원의 확신을 가진 자라야 합니다.
2. 집사는 가정교회 목장모임(소그룹모임)에 반드시 참석해야 합니다.
3. 십일조 헌금은 교인의 의무인 만큼 집사는 이를 성실히 이행하여야 합니다. (단 가장이 신앙생활을 하지 않거나 다른 합당한 사정이 있는 가정은 예외일 수 있습니다.)
4. 집사는 우상숭배나 미신적인 일에 참여해서는 결코 안 됩니다.
5. 집사는 교회 봉사에 한 가지 이상 적극적으로 참여해야 합니다.

※ 유의 사항에서 특히 목장참석과 십일조헌금을 아직 못하거나 안하고 있는 분이 있다면 새해부터는 하겠다는 서약에 확인 사인을 해주십시오.
  1. 새해부터는 목장에 출석하겠습니다. (확인 :   )
  2. 새해부터는 십일조헌금을 하겠습니다. (확인 :   )

가/부 동의
아래 두 문항 중 하나의 ( ) 안에 ○ 표를 하시고 서명해 주십시오.
1. 임명에 동의합니다. ( )
2. 더 준비해서 다음에 하겠습니다. ( )

서명자 :   인

알림
1. 이 동의서는 임명에 동의하든 안 하든 표기해서 반드시 제출해 주십시오.
2. 제출기간은 12월 00일(0 주일)까지입니다.

4. 교회 재정

어떤 단체에서나 재정은 중요하고 예민한 문제다. 목회에서도 마찬가지다. 목회자들이 이 문제에서 교인들의 신뢰를 얻지 못하면 사역에 아주 심각한 어려움을 당할 수 있다. 반면에 목회자가 재정 문제에서 교인들의 신뢰를 받으면 다른 여러 사역에서도 큰 신뢰를 얻을 수 있다. 재정은 항상 투명하게 그리고 질서를 따라 이루어지도록 목회자가 앞서 노력해야 한다.

1) 재정과 목사의 유형

(1) 선비형

옛날 선비들은 소낙비가 와서 멍석이 떠내려가도 아랑곳하지 않고 묵묵히 책을 읽었듯 목회에서 재정문제는 다른 사역들보다는 아무래도 세속적인 일에 가까움으로 이에 대해서는 아예 관여하지 않는 것이 더 신령하다고 생각하는 목사들이 있다. 또 교인들 가운데는 이런 목사가 더 경건하다고 존경하며, 이런 태도를 요구하기도 한다. 그리고 장로 중에는 재정은 장로들이 책임지고, 목회자는 말씀과 기도에 전념하는 것이 옳다고 생각하는 사람들도 많다. 어떤 장로는 "목사는 재정관리에서 완전히 손을 떼는 것이 좋고, 나아가 누가 연보를 하는지 안 하는지, 혹은 얼마나 하는지 이런 것까지도 아예 관심을 갖지 않는 것이 좋다"라고 말하기까지 한다.

(2) 독재형

교회의 재정관리를 거의 목회자가 좌지우지하는 형이다. 재정부장이나 회계를 자신의 심복으로 세우고, 목회자의 비전과 사역목표를 따라 재정을 집중하게 만든다. 이런 경우 "목적의 성취"라는 원리를 실천하는 데는 상당히 효과적이나 공동체의 유기적인 협력과 사역의 공유가 불가해질 수도 있다. 그리고 무엇보다 목회자가 교인들로부터 많은 오해와 의심을 받을 수 있고, 더 치명적인 일은 목회자가 돈의 유혹에 빠져 독직(毒職)하게 되는 경우다.

(3) 관리형

목회자가 교회 재정을 전체적으로 관리하는 형이다. 예산을 세울 때부터 교회 리더십과 함께 의논하여 가이드라인을 제공하고, 예산에 따라 집행이 원만하게 이루어지고 있는지를 살피며, 중요한 사역 프로그램은 성도들과 충분한 논의를 통해 공감대를 형성하고 함께 사역하는 형이다. 이 경우 재정의 집행이 느려지고 효율성이 떨어지는 단점이 있다.

결론적으로 필자는 관리형이 좋다고 보나, 이런 경우라도 목회자는 재정의 방향과 큰 틀만 잡아주고 지도할 뿐 재정에 구체적으로 관여하지 않는 것이 좋다고 생각한다. 특별히 직접 돈을 주고받거나 사용하는 일은 극히 삼가야 한다.

2) 재정 관리의 실제

(1) 예산 절차

예산과 관련하여 필자가 향상교회에서 해왔던 내용을 참고로 소개하려 한다. 우리는 다음의 7가지 절차로 예산을 세웠다.

절차 1. 향상교회의 경우 9월에 예결산위원회(9인, 위원장은 장로)를 구성하여 발표하고, 교회예산과 관련된 모든 부서─제직회 각부, 주일학교 각부 등등 각 기관은 예결위에 예산요구서를 제출하도록 광고한다.

절차 2. 담임목사는 10월 초에 예산지침서를 작성하여 당회에 제출한다. 이 지침서를 당회가 그해의 주요 정책이나 사업들과 연관하여 심의한 후 예결산위원회에 넘긴다. 이 지침서에는 새해의 중점사업 등이 정해지며, 인사계획도 포함된다. 그리고 향상교회의 정관에는 예산의 30% 이상을 구제 및 선교비로 책정하도록 규정하고 있다. 요즈음은 새해를 앞두고 정책당회라는 이름으로 임시당회를 갖는 교회들이 많다. 이 경우 담임목사의 예산지침서가 논의의 핵심내용이 될 것이다.

절차 3. 제직회 운영위원회(제직회 부서장들로 조직함)는 예산지침을 중심으로 삼고 각 부서가 올린 예산요구서를 심의한다. 이 과정에서 운영위원회는 예산지침서에 없는 특별한 계획이나 정책이 있으면 당회에 건의할 수 있다.

절차 4. 소위원회는 당회가 제출한 예산지침서와 각 부서에서 올린 예산요구서를 검토하여 구체적인 예산안을 만든다. 이 경우 각 부서에서 올린 예산요구서 내용을 임의로 변경하지 못하며, 전체적인 조정이 필요할 경우나 부서별 조정이 필요하다고 여겨지면 예산요구서를 각 부서로 돌려보내서 구체적인 조정은 해당 부서에서 하도록 한다.

절차 5. 예산 초안이 작성되면 이를 당회와 운영위원회가 검토·심의하여 제직회에 제출할 예산안을 결정한다.

절차 6. 위의 예산안을 제직회에 제출하고 항존직제직회(목사, 장로, 안수 집사, 권사, 그리고 가정교회의 목자로 조직)에서 이를 심의하고 의결한다.

절차 7. 제직회에서 통과된 예산안은 연말 혹은 연초에 개최하는 정기공동의회에서 확정한다. 그리고 공동의회는 예산의 일부 전용이나 변경의 권한을 제직회에 위임하여 집행 중에 발생하는 불가피한 상황에 대처하게 한다.

(2) 집행

향상교회의 특징은 제직회의 집행부를 집사와 권사로 구성한다는 것이다. 당회는 감독기관이므로 집행에는 직접 참여하지 않는다는 원칙에서 제직회 부서의 장이 될 수 없도록 정하고 있다. 다만 새 가족부,

경조부, 차량 안내부, 교육위원회 등 교육이나 특별한 봉사를 필요로 하는 부서에만 장로와 목사를 부서장으로 임명할 수 있다.

그리고 모든 지출은 제직회 각 부서장들의 결재로 이루어진다. 예산이 되어 있는 항목은 각 부서의 결의로 부장이 결재하며, 예산이 되어 있지 않은 경우 소액은 부서에서 결정할 수 있으나 금액이 큰 경우는 운영위위원회의 심의를 거쳐 제직회의 승인을 받아야 지출할 수 있다. 긴급을 요할 경우는 운영위원회의 결의만으로도 지출할 수 있으나 제직회의 사후 승인을 받아야 한다.

재정부장은 각 부서장이 결재한 지출결의서를 임의로 변경하거나 거부할 수 없으며, 다만 잔액의 부족으로 한꺼번에 다 지출할 수 없을 경우 부서장들과 협의하여 우선순위를 정하는 권한을 가진다. 상근직원인 사무장은 회계와 함께 각 부서장의 업무(재정출납)를 돕고, 회계를 보좌하여 인건비 등 고정지출비용들을 관리한다.

(3) 감사와 결산

향상교회는 장로 3명, 집사 1명, 권사 1명으로 상임감사 5명을 두고 있다. 감사대상은 교회의 모든 기관이나 부서의 회계뿐 아니라 모든 업무가 해당된다. 그리고 필요한 때는 언제나 어느 기관(부서)이나 감사를 할 수 있으며, 경상 회계 감사는 연간 2회로 정기적으로 실시한다. 감사위원장은 바로 직전 예결산 위원장에게 맡겨 재정을 예산대로 원만하게 집행되는지를 감사한다. 결산은 감사를 통해 확인하며 제직회와 공동의회의 승인을 받아 마감한다.

십일조 감사헌금의 의의

(아래 내용은 필자가 십일조 헌금생활에 대하여 했던 설교 중 하나다.)

교회의 재정은 교인들의 헌금으로 이루어집니다. 헌금의 근본의의는 감사입니다. 기독교는 감사의 종교입니다. 기독교는 율법주의 종교도 아니고, 금욕과 고행의 종교도 아니며, 도를 깨닫기 위해 명상하고 수도하는 종교도 아닙니다. 기독교는 계시의 종교이며 은혜의 종교입니다. 그러므로 신앙생활은 하나님이 주신 은혜를 알고 감사하는 생활이고, 이 은혜를 어떻게 보답할까(시 116:12-14)라는 마음으로 사는 삶입니다. 이렇게 감사로 이루어지는 예배 중 한 부분이 봉헌입니다. 우리는 마음으로 감사할 수 있고 입으로도 감사할 수 있습니다. 그러나 헌금은 아주 실제적이고 진실한 감사의 고백입니다. 그리고 감사헌금 중에서 대표적인 헌금은 십일조헌금입니다.

십일조 헌금은 아브라함으로부터 시작되었습니다. 아브라함이 그돌라오멜과 그와 동맹한 연합군을 격파하고 그의 조카 롯을 구출하여 돌아올 때 살렘 왕 멜기세덱이 아브라함을 영접하며 축복하였습니다. 그때 아브라함은 전리품의 1/10을 그에게 드렸습니다. 멜기세덱은 "지극히 높으신 하나님의 제사장"이었습니다. 이후 아브라함의 자손들은 그의 선조의 믿음을 따라 십일조를 드리며 하나님을 공경하였습니다. 후에 십일조는 하나님께 드리는 감사헌금의 기준이 되었고, 모세는 이를 율법에 기록하여 영영히 지킬 규례로 삼았습니다.

기독교 역사가들은 이스라엘 곧 유대인들을 지켜준 두 기둥이 있는데, 그것은 바로 안식일 성수와 십일조 헌금이라고 합니다. 파란만장한 역사 속에서도 유대인들이 민족의 정체성을 지키고 나아가 인류역사에 크게 공헌하는 민족이 된 것은, 그들이 안식일을 거룩히 지키고, 가난할 때든지 부할 때든지 십일조 헌금을 해왔기 때문이라는 것입니다. 십일조 헌금은 아브라함과 그의 후손 이스라엘 백성들의 축복이 되었습니다. 하나님은 감사하는 자들에게 복을 주시기 때문입니다. 유대인들의 경제적인 부는 바로 믿음으로 감사하며 드리는 십일조 헌금에서 비롯되었다는 것이 성경적, 역사적 결론입니다.

한국교회도 초기부터 청교도들의 영향으로 주일성수와 십일조 헌금이 강조되었습니다. 가난하기가 이루 말할 수 없을 정도였던 그때, 특히 가난한 서민들이 교회의 주류를 이루고 있던 그때에도 십일조 헌금이 강조되었는데, 이것이 우리나라의 경제성장을 일으킨 내적인 힘이 되었다는 것이 많은 사람들의 주장입니다. 곧 십일조 헌금이 우리 국민들의 의식개혁의 동력이 되고 가난을 이길 수 있는 힘이 되었다는 것입니다. 가난한 사람들이 일반적으로 빠지기 쉬운 늪이 있는데, 그것은 바로 불평과 원망의 늪입니다. 가난하다 보면 자립정신을 잃고 의존적이 되는 경우가 많습니다. 그런데 도움을 받지 못하면 다른 사람들이 원망스럽게 느껴지기 십상입니다. 그래서 이웃에게 반감이 생기고 생각이 부정적으로 흐릅니다. 자포자기에 빠지거나 게을러지고 일상에서 의욕을 상실하기 쉽습니다.

그런데 이런 사람들이 믿음을 가지면서 변화되기 시작했습니다. 하나님을 알게 되고 그 은혜를 깨닫고 감사하는 마음을 가지게 되었습니다. 그리고 그 감사를 구체적으로 표현하기 시작했습니다. 초기의 성도들은 때론 밥을 굶으면서도 십일조헌금을 했습니다. 그러면서 의식구조와 삶의 모습이 바뀌기 시작했습니다. 부정적인데서 긍정적으로, 소모적인데서 창조적이고 생산적인 사람으로 바뀌기 시작했습니다. 원망하고 핑계하는 사람에서 감사하며 부지런히 일하는 사람으로 변화되었습니다. 그러면서 그들은 가난을 극복하게 되었고, 서서히 부가 축적되기 시작하였습니다.

십일조 헌금을 하면 복을 받는다는 믿음은 기복신앙이 아닙니다. 물론 상당수의 목회자들이 헌금을 기복적으로 설명하고 적용하는 잘못을 저지르기도 합니다. 우리가 이런 잘못을 저질러서는 안 되지만 누구도 부정할 수 없는 한 가지 분명한 사실은 십일조 헌금 생활은 우리를 하나님의 은혜로 이끈다는 사실입니다. 성경과 교회역사는 감사함으로 하나님을 공경하는 자가 영육 간에 복을 받는다는 것을 확실히 증언하고 있습니다. 그러면 십일조 헌금 생활이 어떻게 우리에게 은혜가 될까요?

1. 십일조 헌금 생활은 우리의 믿음을 자라게 합니다

십일조 헌금은 자신이 누구를 믿고 사는가를 확인하는 헌금입니다. 하나님이 내 삶의 주인이시오 터전임을 믿고 고백하며 드리는 헌금입니다. 내가 가지고 누리고 있는 모든 것이 하나님으로부터 온 것이며, 오직 그의 은혜로 산다는 믿음을 헌금을 통하여 실제로 고백하는 것입니다. 우리는 하나님이 만물의 창조자시오 생명의 주인이심을 믿습니다. 모든 주권과 능력과 권세가 그에게 있음을 믿습니다. 나의 존재와 삶이 모두 하나님의 손에 있다는 사실을 믿습니다. 모든 사람을 크게 하심과 강하게 하심이 주님의 손에 있음을 믿습니다. 십일조 헌금은 이 믿음을 확인하고 고백하며 드리는 예물입니다.

그래서 십일조 헌금으로 감사 생활을 하면 믿음이 자라게 됩니다. 사람이나 세상을 의지하지 않고 하나님을 의지하게 됩니다. 하나님을 의지하면 믿음이 자라서 하나님이 주시는 복을 받아 누릴 수 있습니다. 모든 헌금은 감사함으로, 특히 믿음의 고백과 함께 드려야 합니다. 온전한 십일조란 감사와 믿음과 헌신의 다짐과 함께 드리는 헌금입니다.

2. 십일조 헌금은 헌금자의 사고방식을 바꾸고 삶의 기준을 바뀌게 합니다

이것이 얼마나 중요한지 모릅니다. 이미 말한 대로 불평에서 감사로 바뀌게 됩니다. 사람 의존에서 하나님 의존으로 바뀝니다. 하나님을 간절히 찾게 되고 하나님의 길을 따라 행하게 됩니다. 은혜의 길을 따르니 은혜를 받게 됩니다. 그리고 십일조 감사헌금은 생각의 방향을 바뀌게 합니다. 하나님 중심 말씀 중심으로 바뀌게 됩니다. 세상의 패턴(the pattern of this world)을 따라 살지 않고 하나님 나라의 패턴을 따라 살게 됩니다.

사실 예수님을 주로 믿고 영접한다는 것은 이제 더 이상 이 세대를 본받지 않고 주님을 믿는 믿음으로, 그리고 주님 나라의 패턴을 따라 살겠다는 결단이 포함되어 있습니다. 그러나 우리가 오랫동안 세상 패턴을 따라 세상 모드로 살아왔기 때문에 이것이 잘 바뀌지 않습니다. 그래서 우리는 믿음과 감사의 생활을 훈련해야 합니다. 십일조 감사생활은 우리로 하여금 하나님의 백성으로 살아가도록 훈련하는 아주 중요한 은혜의 방편입니다.

3. 십일조 헌금은 하나님의 축복에 대한 믿음과 기대를 갖게 만듭니다

우리가 할 일을 했다고 생각할 때 하나님의 축복에 대한 기대가 생깁니다. 물론 우리가 할 일을 한 것은 당연하고 마땅한 일이지만, 인자와 긍휼이 풍성하신 하나님은 이런 우리를 사랑하시고 복 주시기를 기뻐하십니다. 이것이 하나님의 마음입니다. 특히 하나님은 우리에게 은혜와 복을 주시겠다는 약속을 많이 하셨습니다. 하나님을 믿고 찾는 자들에게 상을 주시겠다고 약속하셨습니다(히11:6). 특히 십일조 헌금에 대해서 하나님은 축복을 약속하셨습니다. "네 재물과 네 소산물의 처음 익은 열매로 여호와를 공경하라 그리하면 네 창고가 가득히 차고 네 포도즙 틀에 새 포도즙이 넘치리라"(잠 3:9-10).

저는 이런 약속의 말씀들이 구약시대에만 효력이 있었던 약속이라고 생각지 않습니다. 하나님은 어제나 오늘이나 동일하신 분이십니다. 그 하나님은 오늘도 믿음과 감사로 사는 사람들에게 은혜를 주시고 평강을 주시는 분이십니다. 사람이 기대를 하고 산다는 것이 얼마나 중요한지 모릅니다. 오늘 새날이 밝았는데 기대되는 바가 아무것도 없다면 어떨까요? 출근하면서 아무런 기대감이 없이 출근한다면? 집에 돌아올 때도 피곤한 몸과 처진 마음뿐이라면? 이렇다면 인생이 얼마나 고달프고 허무할까요? 힘든 세상을 살지만 희망과 기대를 가지고 살면 승리할 수 있습니다. 세상 풍파에 침몰되지 않고 그것을 헤쳐 갈 수 있는 힘이 나옵니다. 우리의 기대와 소망은 오직 하나님께 있습니다.

5. 교회다운 교회 세우기

1) 가정교회 세우기

　필자는 가정교회가 성경이 보여주는 유일한 교회라고 생각하지는 않지만 교회다운 교회를 세우고자 하는 목회자들에게 가장 구체적이고 확실한 모델이 되리라고 믿는다. 가정교회는 목회를 위한 하나의 단순한 프로그램이 아니다. 성경이 계시하고 있는 교회, 교회다운 교회, 건강한 바른 교회를 찾아 세우자는 것이고 그런 교회로 회복하자는 운동이다. 그러므로 가정교회를 시작하거나 가정교회로 전환하려 할 때 목회자가 가장 우선적으로 해야 할 중요한 일은 교회가 무엇인가를 확실하게 찾아 아는 일이다. 목회자가 성경이 보여주는 교회 상을 찾아 이를 분명하게 볼 수 있어야 한다. 교회론이 확립되어야 하고 그 비전 곧 조감도를 볼 수 있어야 한다는 말이다.
　어설프게 알고 어섣프게 시작하면 실패할 가능성이 매우 크고, 실패하면 교회를 갱신하여 교회다운 교회를 세우겠다는 시도를 다시 시작하기가 불가능해진다. 그러므로 시작하기 전에 교회론을 읽고 연구하고 세미나도 듣고 가능하면 연수도 받으시기 바란다. 가정교회 컨퍼런스나 지도자세미나에 꼭 참석해보시라. 그리고 처음부터 유의해야 할 것은 가정교회는 교회성장을 위한 어떤 프로그램이 아니라는 것이다. 가정교회는 교회성장보다 교회의 건강을 먼저 생각하며 교회의 원형을 찾아 세우자는 운동이다.

그리고 목회자의 교회관이 확립되고 교회다운 교회에 대한 비전을 분명히 가지게 되더라도 성급하게 시작해서는 안 된다. 왜냐하면, 교인들은 교회를 제대로 알지 못하고 있는 경우가 많고 더군다나 왜곡된 교회 상을 가지고 있는 교인들도 많기 때문이다. 그래서 교인들을 교육하고 설득하는 시간이 필요하다. 특히 장로들이 있는 교회에서는 장로직이 단순히 관리직이 아니라 목양직이란 사실도 잘 가르쳐서 그들도 가정교회에 대해 확신을 가지고 동역할 수 있게 해야 한다.

2) 목자 세우기

가정교회에서는 기본단위의 공동체를 목장이라고 하고 목장들의 연합을 OO연합목장 혹은 OO교회라고 부른다. 교회에 담임목사가 있듯이 목장에는 목자가 있다. 가정교회에서는 목자에게 특별한 자격이나 능력을 요구하지 않는다. 세례[침례]를 받은 자로서 형제들을 섬기고자 하는 마음을 가진 사람이면 누구나 가능하다. 다만 구체적인 봉사를 위해 가정교회사역원에서 주최하는 평신도 세미나에 참석하여 가정교회에 관한 오리엔테이션을 받고 목장을 견학하도록 한다. 그리고 가능한 1-2년 내로 기본적인 세 가지 삶 공부—생명의 삶, 새로운 삶, 경건의 삶

―를 이수토록 한다.

3) 목장 편성

한 목장은 보통 네다섯 가정들로 편성한다. 교회의 가정 수를 고려하여 목자의 수를 정하고 임명한다. 목자들이 세워지면 그 이름을 공고하고 교인들이 목자를 선택하도록 한다. 이때 한 목자만 선택하지 않고 순위를 정하여 세 목자를 선택하도록 한다. 이 선택을 기초로 해서 목장을 편성한다. 특정 목자에게 쏠리는 경향이 있으나 교역자들이 잘 조정하여 골고루 편성되도록 최선을 다한다. 싱글 여성들의 경우 싱글 목장으로 편성해주길 바라는 경우가 많으나 싱글이라도 가능한 일반 목장에 편성하는 것을 권장한다. 목장은 셀이 아니다. 교인들을 지원하고 돌보기 위해 편성한 구역도 아니다. 목장은 소그룹교회이다. 그러므로 교회가 남녀노소를 구별하지 않고 모이는 공동체이듯이 목장도 교회이므로 교회의 속성을 따르는 것이 정상이다.

그리고 목장이 편성되면 목자와 목녀 외에 목자를 도와 함께 봉사할 사람들도 선정한다. 가급적 많은 목원들―목장 가족들이 한 가지 이상 봉사에 참여할 수 있도록 배려하는 것이 좋다. 찬양, 말씀, 중보기도, 경조, 선교, 회계담당 등으로 담당자들을 세우는데 이들을 부장이라고 부르기도 한다. 찬양부장은 찬양곡을 선정하고 준비하여 인도한다. 말씀부장은 주일 오전예배 설교를 요약하거나 혹은 QT 본문 중에서 한 부분을 선택하고 준비하여 목원들과 나눈다. 말씀부장을 따로 두지 않고 연합교회가 제공하는 요약된 주일예배 설교를 돌아가며 읽고, 깨달고 적용하였거나 은혜받은 내용들을 나누기도 한다. 선교부장은 목장에서 지원하는 미자립교회나 선교사들을 돕는 일과 목장 가족들과의 관계를 증진하는 일을 한다. 다른 담당자들의 봉사내용은 그 이름에 잘 나타나있다.

4) 목장모임의 장소와 때

목장모임은 목원들의 집을 돌아가며 모인다. 집을 개방하는 것을 꺼리는 목원(가족)들이 있으나 세월이 지나면 그분들도 집을 개방하게 된다. 집을 열어서 이웃을 받아들인다는 것이 별 것 아닌 것 같으나 이것은 마음을 열고 한 가족이 되는데 매우 중요한 시작이 된다. 또 식당이나 야외에서 모일 수 있으나 이는 특별한 경우일 뿐이다.

모임의 때는 주중의 저녁 시간을 권장한다. 주일이 예배일이라면 주중은 삶의 예배—산제사가 드려지는 때라고 할 수 있겠다. 그래서 예배 공동체인 연합교회는 주일에, 삶의 공동체인 목장은 주중에 모이는 것을 원칙으로 하고 있다. 주로 금요일 저녁에 많이 모이는데 이는 다음 날 직장에 출근하지 않는 목원들이 더러 있기 때문이다.

5) 모임의 내용

모임에서 첫 번째 갖는 순서는 애찬이다. 가정교회에서의 식사는 매우 중요한 의미가 있다. 이는 우리가 서로 가족인 것을 식사를 통하여 고백하는 실제적인 신앙고백이요 사랑의 고백이기 때문이다. 우리는 말로서 형제와 자매를 사랑한다고 고백한다. 이 말의 고백이 삶의 고백으로 확인되는 자리가 바로 목장이다. 일반적으로 가족이라 하면 피를 나눈 사람들을 의미한다. 그러나 이 점에서 동양의 문화는 좀 더 독특하고 사회적이다. 우리는 가족을 식구(食口)라고 부른다. 피를 나눈 사람이 아니더라도 같이 밥을 먹으면 가족이라는 말이다.

그리고 우리는 같은 가족이기 때문에 식사를 특별하게 준비하지 않는다. 명절이나 잔치 때는 집에서도 음식을 특별하게 준비하지만, 보통 때는 간단히 준비해서 식사한다. 이처럼 목장에서도 특별한 경우가 아니면 일식삼찬(一食三餐) 정도로 준비하는 것이 좋다. 식사준비도 주로 모이는 집에서 하지만 혼자 준비하기보다 모이는 집에서는 밥과 국만 준비하고 반찬은 다른 가족들이 돌아가며 한 가지씩 준비해오면 더 쉽고 풍성할 수 있다.

목장모임에는 애찬이 있고 찬양과 말씀도 있지만, 삶의 나눔과 기도가 중심내용을 이룬다. 일단 모이면 가벼운 이야기들로 아이스브레이크 시간을 갖는다. 그리고 찬양부장의 인도로 찬양을 하고 기도당번이 기도를 인도한 후 말씀을 나누는 시간을 갖는다. 이때 조심해야 할 일은 목자가 목원들을 가르치려 들거나 한두 목원들이 혼자 말을 많이 하는 경우다. 목자는 가급적 말을 적게 하고, 혼자 대화를 독차지하려는 목원들은 적절히 억제시키고, 침묵하는 목원들을 이끌어내는 역할을 잘 해야 한다. 말이 많고 분위기를 주도하려는 목원들을 억제시키는 일은 결코 쉽지 않다. 지나치다고 생각될 때는 목자가 현장에서 당사자에게 "대화에 골고루 참여할 수 있도록 도와주십시오"라고 정식으로 요청하고, 이런 요청도 도외시할 때는 개인적으로 만나 도움을 청할 수 있다. 그래도 안 될 경우는 담임목사에게 알려 도움을 청할 수 있다.

말씀 나눔 시간은 20-30분 이상 넘지 않는 것이 좋다. 말씀을 나눈 후 말씀부장이 기도하거나 통성으로 기도하고 이어 삶을 나누는 시간을 갖는다. 삶을 나눌 때 각자의 형편과 처지를 나눌 수도 있지만 이런 나눔은 세월이 갈수록 계속하기가 어려워진다. 그러므로 한 주간을 돌아보며 감사한 일을 나누는 것이 좋다. 서로 기뻐할 수 있고 하나님께서도 기뻐하실 것이다. 힘든 생활 가운데서 감사하기가 쉽지 않겠지만 우리는 감사훈련을 열심히 해서 신앙생활에 진보가 나타나야 한다. 신앙생활은 감사생활이다. 기독교는 은혜의 종교다. 그러므로 우리가 하나님의 은혜를 알고 감사하며, "내게 주신 모든 은혜를 내가 무엇으로 보답할꼬"라는 마음으로 살아가는 것이 신앙생활이다. 감사가 믿음의 기준점이다.

삶을 나누는 또 한 가지 내용은 기도 제목이다. 기도 제목을 나누다 보면 형제들의 힘들고 아픈 형편을 알게 되고 간절한 마음으로 기도하게 된다. 서로가 기도를 요청하고, 함께 중보할 기도 제목을 나눈 후 합심하여 기도한다. 이때 중보기도부장은 교회와 나라와 세계 만민을 위한 기도 제목들을 제공하고 함께 기도한다. 중보기도가 끝나면 찬양과 함께 연보를 한 후 목자의 기도로 마무리한다.

6) 가정교회(목장) 언약

목장모임을 가지다보면 예상치 못했던 문제들이 생길 수 있다. 다양한 사람들이 모이다보니 그러하다. 그런데 이런 일들이 생기면 그때마다 대처하기 힘들고 서로 많이 당황할 수도 있다. 그래서 가능한 이런 어려움들을 예방하고 건강한 목장을 세우기 위한 목원들의 언약이 필요하다. 언약의 내용은 교회의 상황에 맞게 만들거나 수정해서 사용할 수 있다. 그리고 이 언약은 목장모임에서 2-3개월에 한 번씩 정기적으로 읽어 상기할 필요가 있다. 아래는 향상교회의 가정교회 언약이다.

가정교회 언약

(1년에 4회 이상 목장 모임에서 교독합니다)

목자: 우리는 우리의 가정교회를 통해 예수 그리스도를 높이고 하나님께 영광을 돌리기 위하여 주께서 연결시켜 주신 한 공동체의 신령한 영적 지체들임을 고백합니다.

목원: 우리는 우리 목장에서 초대교회 공동체처럼 순수한 사랑과 겸허한 섬김의 교제가 이루어지도록 각자의 자리에서 최선의 노력을 다하고자 합니다.

목자: 우리는 예수님이 주신 대사명, 곧 영혼 구원하여 제자 삼는 일에 초점을 맞추고 이를 위하여 항상 기도하며 세상 끝 날까지 헌신할 것을 다짐합니다.

목원: 무엇보다 우리는 예수 그리스도를 우리의 궁극적 지도자로 삼고 그의 권위 아래서 교제하되 또한 우리 목장의 목자를 주께서 세워 주신 인도자로 인정하며 그를 따르고 그를 위하여 기도할 것을 서약합니다.

목자: 우리는 목장모임에서 우리의 교제를 깨뜨릴 수 있는 논쟁적 발언이나 특정한 대상에 대한 비판적 발언을 하지 않기로 서약합니다.

목원: 무엇보다 목원 상호간에 어려움을 극복할 수 있도록 서로 기도의 짐을 지고 중보기도에 최선을 다하기로 약속합니다.

목자: 우리는 자기 자신의 삶의 어려움이나 문제가 있을 때는 할 수 있는 한 서로의 기도제목을 거리낌 없이 신속하게 목장에 알리고 위하여 기도하기로 언약합니다.

목원: 우리는 목원 상호간에 어려움을 돕는 일에 최선을 다하되, 그로 말미암은 불필요한 오해나 교제의 부담이 없도록 하기 위하여 돈을 꾸거나 꾸어 주는 일은 물론 상업적인 거래는 일체 하지 않기로 언약합니다.

목자: 우리들의 목장 교제를 통하여 주님을 닮아가며 주 뜻대로 살아가고자 주께서 명하신 성령 충만을 이루기 위하여 성령 충만을 방해하는 주류사용(음주), 불건전한 오락(도박), 그리고 교회나 개인에 대한 비방을 일절 금하기로 합니다.

함께: 말씀과 기도는 우리들의 교제의 수단이며 거룩함은 우리들의 교제의 태도이며 세계선교와 이웃사랑은 우리들의 교제의 궁극적인 목표임을 우리는 명심할 것입니다.

7) 가정교회와 장로교

필자는 장로교에 소속한 목사인데, 가끔 가정교회는 회중교회인 휴스톤 서울침례교회에서 시작되었기 때문에 다른 교파들 특히 장로교와는 맞지 않은 교회형태가 아닌가라는 질문을 받는다. 필자는 전혀 그렇지 않다고 생각한다. 가정교회운동은 신약 초대교회의 원형을 찾아 회복하자는 운동이다. 따라서 초대교회의 원형을 찾아 세우려는 가정교회운동은 특정 교파나 정치제도와 상관이 없다.

그리고 가정교회를 시작했던 최영기 목사도 자주 말하지만, "가정교회"라는 명칭도 그렇게 중요하지 않다. 이보다 더 좋은 이름이 있으면 바꿀 수도 있는 명칭이다. 만일 "장로교회"가 신약교회를 가장 잘 나타내는 명칭이라면 그렇게 부를 수도 있겠다. 그러나 현재까지는 성경적으로 또 모든 교파를 초월하는 명칭으로 "가정교회"보다 더 나은 명칭이 없다고 생각한다.

앞에서도 이미 언급했지만 필자는 교회가 무엇인지 알기 위해 공부하면서 성경에서 발견한 교회가 바로 가정교회였다. 그런데 필자가 발견한 교회에 대한 논문을 쓸 당시에는 적당한 이름을 찾지 못하여 필자는 그냥 "소그룹교회"라고 칭하였다. 수년이 지난 후 필자가 휴스턴서울교회 최 목사의 저서를 접하게 되면서 그가 "가정교회"라는 명칭을 쓰고 있음을 보고 이 명칭이 신약 초대교회를 가장 잘 보여주는 명칭이라고 생각하게 되었다.

그리고 필자는 필자가 발견한 소그룹교회와 최 목사가 1993년부터 시작한 가정교회가 매우 유사하다는 사실에 놀랐다. 당시까지 우리는 서로 모르는 사이었고 아무런 교류도 없었던 때였다. 그런데 필자가 소그룹교회를 발견하고 그런 교회를 세우고 싶어 교회를 개척하려고 했던 때가 역시 1993년이어서 최 목사가 가정교회를 시작한 시기도 같았다. 둘 다 성경에서 하나님이 계시하신 교회상을 찾다보니 둘이 소그룹 교회 곧 가정교회에서 만나게 된 것이다.

그리고 필자가 거듭 놀라는 것은 가정교회가 장로교회와 아주 가깝다는 사실이다. 우선 장로교의 장로 직무와 가정교회의 목자 직무가 같다. 한국교회에서는 장로직이 관리감독직으로 왜곡되어 있어서 그렇지 장로가 본래의 자리를 찾아 그 직무를 회복하게 되면 장로가 단순히 교회의 관리자가 아니라 영혼을 위해 봉사하는 목자로 서게 된다. 장로직은 본래 목양직이다. 장로는 같은 장로인 목사를 도와서 전도하고 양육하고 봉사하는 직분자다.

장로들이 한 목장의 목자로서 교인들과 교제하고 섬기는 구체적인 봉사를 하면서 동시에 초원을 맡아 자기 초원에 속한 교인들을 돌아보는 사역을 한다. 매주 2-3회 자기 초원에 속한 교인들의 이름을 부르며 기도한다. 그리고 필요하면 심방도 하고 상담도 한다. 그러면서 명실공이 장로의 직무를 제대로 수행하게 된다. 이런 장로들은 교인들로부터 존경과 사랑을 받는다. 향상교회가 가정교회로 전환하고, 장로님들이 제 자리를 잡게 되면서 진정한 부흥을 경험할 수 있었다.

예화 필자가 잠실중앙교회에 시무하고 있을 때입니다. 언젠가 은퇴 목사님 한 분이 오셔서 설교하는 중에 이런 말씀을 하셨습니다. "여러분들은 목자들이 양 한 마리 한 마리의 이름을 부르며 돌보듯이 여러분들의 담임목사이신 정 목사님이 새벽마다 여러분 각인들의 이름을 부르며 기도하신다는 사실을 아십니까?" 그때 필자는 어디 숨을 곳이 있으면 당장 숨고 싶을 만큼 당황했습니다. 사실 필자는 그렇게 기도하지 못하고 있었기 때문입니다. 하려 한들 그게 어떻게 가능하겠습니까? 당시 교인수가 어린이들까지 합하면 이천 명이 넘을 때인데 말입니다. 그러나 그 목사님이 다녀가신 후부터 교인들을 위한 기도의 부담감이 항상 마음을 떠나지 않았습니다.

그러다가 향상교회가 가정교회로 전환하면서 이 문제를 아주 시원하게 해결할 수가 있었습니다. 교인들을 위한 중보기도사역을 장로님들과 나누어 할 수 있었기 때문입니다. 가정교회 시스템에서 한 초원은 5-7 목장으로 조직됩니다. 보통 한 목장의 가정 수는 대개 4-6 정도이니까 한 초원의 가정 수는 20-40 정도 됩니다. 초원지기인 장로는 일주일에 두 번 이상 그리고 30분 이상 초원에 속한 교인들을 위해 기도합니다. 명단을 가지고 그 이름을 부르면서 기도하면 두서너 달 후에는 가족들의 이름까지 다 외우게 됩니다. 이렇게 되면 기도가 관심이 되고, 중보하는 가정들의 사정을 알게 되고, 이것이 심방으로 상담으로 발전됩니다. 이렇게 해서 장로님들이 명실공이 목양하는 장로가 되어 교인들의 존경과 사랑을 받는 것을 보았습니다.

담임목사는 주로 목자들을 위하여 기도하고, 또 새 가족들과 각 목장이나 초원에서 별도로 요청하는 교인들을 위해서 기도합니다.

6. 교회분립개척

대형 교회는 장점들도 있지만 단점들이 더 많은 것이 일반적인 상황이다. 이런 단점들을 극복하고 건강한 교회로 가는 좋은 방법 중 하나가 교회분립개척이다.

1) 분립개척의 장점

첫째는 분립이 교회개척의 확실한 방법이다. 지금은 예배실을 준비하고 교역자를 파송한다고 해서 교회가 세워지는 때가 아니다. 교역자와 함께 교회개척에 뜻을 가진 교인들이 함께 파송되어야 한다. 그리고 일단 교회가 재정적으로 자립을 유지할 수 있어야 한다. 교회에 처음 나오는 사람들은 교인수가 적고 재정적으로 어려워 보이는 교회에 등록하는 것을 꺼려한다. 요즈음은 기성신자들까지도 그러한데 새 신자들이야 오죽하겠는가.

둘째는 교회의 건강한 성장을 격려한다. 분립개척은 복음의 확장과 건전한 교회성장의 가장 바람직한 방법이다. 한 교회가 지나치게 커지는 것보다 건강한 중소형 교회가 많은 것이 전도에 유리하고 효과적이다. 한 가지 분명한 사실은 분립을 시킨 교회나 분립된 교회가 모두 전도에 더욱 진력하게 된다는 사실이다.

셋째는 교회의 잠자는 일꾼들을 분발시킬 수 있다. 어느 교회나 교회 안에는 잠자는 일꾼들이 있다. 리더십에 대한 불만 때문에, 다른 교우들과의 관계 때문에, 혹은 게을러져서 스스로 뒷자리로 물러나 있는 교인들이 있다. 교회분립은 이런 교인들을 일깨워 열심 있는 봉사자들로 서게 만든다.

넷째는 교회분립은 교회를 쇄신하고 새 출발할 수 있는 기회가 된다. 목회자나 혹은 한두 장로들의 독특한 리더십으로 인해 교회 분위기가 정체되거나 가라앉아 있는 경우가 있는데 이를 쇄신할 수 있는 계기가 될 수 있다. 목회자 입장에서 보아도 새 출발의 모험을 통해 자기 발전의 좋은 기회로 삼을 수 있다. 그동안 한국교회 역사는 분립이 아닌 분열로 점철돼 왔음을 알 수 있다. 왜 싸우다가 분립하는가? 긍정적인 마음과 적극적인 방법으로 교회를 분립할 수 있다면 일석삼조의 결과를 얻을 수 있다.

2) 분립개척의 준비과정

(1) 교인들의 합의

교회가 무슨 일을 하든 교인들의 합의가 중요하다. 당회원 곧 목회자와 장로들이 분립개척에 대한 공감대가 어느 정도 이루어지면, 이를 교회에 알려 기도를 시작함과 동시에 교인들의 의견을 청취하는 시간을 갖는다. 이것은 분립 여부에 대한 교인들의 의견을 모으는 일이기도 하지만 동시에 교회 분립에 관심을 갖도록 하고, 나아가 실제로 분립을 하게 될 경우 분립에 참여토록 하는데도 도움이 된다. 분립이 결정되면 분립준비위원회를 구성하고 구체적인 준비에 들어간다.

(2) 당회의 분립

분립준비에서 첫 번째 할 일은 당회를 분립하는 것이다. 교회 분립이 제대로 이루어지려면 당회원들이 앞장서야 한다. 새로 시작되는 교회에 최소한 시무장로들의 1/3 이상이 참여토록 해야 한다는 것이 필자의 주장이다. 여기에 합의가 이루어지면 먼저 자원을 하도록 하고 만약 자원자가 1/3에 미치지 못하면 제비뽑기로 그 수를 채울 수 있다. 얼마나 많은 시무장로들이 분립 교회에 참여하는가에 따라 교인들의 참여가 큰 영향을 받는다.

(3) 담임목사 청빙

당회가 분립되면 바로 다음으로 해야 할 일은 담임목사 청빙이다. 새 교회의 담임목사는 현재 교회에서 시무 중인 목사들 중에서 청빙할 수 있고, 혹은 밖에서 청빙할 수도 있다. 어떤 목사가 담임으로 청빙되느냐 하는 것은 교인들의 호응도에 역시 큰 영향을 미치게 된다. 만약 참여하려는 교인수가 너무 적을 경우 현재 시무 중인 담임목사를 파송하는 방법도 고려해 볼 수 있다. 분립의 경우는 아니지만 초대 안디옥

교회는 오늘날의 담임목사와 같다고 할 수 있는 바나바와 바울을 선교사로 파송하였다.

(4) 교인들의 분립

새 교회에 참여할 교인들을 정하는 일은 기본적으로 자원에 의해서 결정되겠지만, 좀 더 구체적인 독려가 없으면 참여하는 교인들이 의외로 적을 수 있다. 그래서 필자의 경우 세 가지 방법으로 독려하였는데 첫째는 분립되는 교회와 가까운 지역의 교인들은 의무적으로 참여하는 것으로 권장하고, 둘째는 첫 번째 지역보다 약간 떨어진 지역의 교인들은 가능한 많이 참여하도록 독려하였으며, 셋째는 위 두 지역 밖에 사는 교인들은 자유롭게 하도록 하였다.

부록

아래 인터뷰 내용은 국제제자훈련원에서 발행하는 월간 disciple지 2007년 3월에 게재되었던 것인데 발행처의 허락을 받아 여기 참고자료로 첨부한다. 이 인터뷰 내용은 정주채 목사의 목회철학을 잘 보여주고 있다.(편집자 주)

옥한흠 목사 특별대담 - 향상교회 정주채 목사

본토친척 아비의 집을 떠나는 아브라함, 향상교회를 통해 보다

　교회가 사회의 지탄 대상이 되는 일이 흔한 시점에서 한 교회가 언론의 주목을 받고 있다. 바로 향상교회(담임: 정주채 목사)가 그 화제의 교회이다. 2년 전 교회부지 이전과정에서 생긴 부동산 차액(2-30억원)을 지역사회에 환원하고 교회건물은 교인들의 손으로 짓자고 결정했다는 사실이 알려지면서부터인데. 말 그대로 가진 게 넉넉해서 행한 일이 아니라는 점이다. 더구나 대형 교회를 지향하는 한국 교회 정서에서 적정수의 교인들이 모이면, 교회를 분립 개척한다는 소신은 본토친척 아비의 집을 떠나는 믿음의 조상 아브라함을 교회현장에서 만나게 한다. 이번 <디사이플> 3월호에서는 분립 개척으로 유명해진 향상교회 정주채 목사를 국제제자훈련원 원장 옥한흠 목사가 직접 찾아가 특별대담을 했다. 교회 분립과 교회부지 사회환원 이면에 감춰진 생생한 제자훈련의 이야기들을 교회소개와 함께 대담을 통해 직접 들어보자.

제자훈련에 기반을 두고, 교회 분립과 지역사회 섬김의 모델이 된 향상교회 소개

대형 교회를 선호하는 한국 교회 풍토에서 교회가 부흥할만하면, 또 다른 의미의 부흥을 꿈꾸며 다시 개척 교회로 돌아가는 교회가 있다. 바로 향상교회(담임: 정주채 목사)가 그렇다. 한국 교회 안에 건강한 중소형 교회가 많아져야 한다는 취지 아래, 분립 개척을 지향하고 지역사회 섬김을 당연시하는 향상교회는 사실 그 이면에 제자훈련이 기반이 되어 전 교인이 하나로 움직이고 있었다.

용인시 동백지구에 위치한 향상교회는 2000년 10월 서울 잠실중앙교회에서 분립 개척한 교회로, 분립한지 6년 만에 1,500명의 교인이 모이자, 최근 또다시 교인수 2,000명이 넘으면 분립 개척한다는 결정을 내려 또 한번 화제가 됐다. 더군다나 지금의 향상교회 부지이전 과정에서 생긴 부동산 차액을 특수 호스피스 사역 등 사회복지 사업을 후원하기로 결정했다. 이는 향상교회도 넉넉지 않은 가운데 실천한 일이라 일반 사회언론에까지 알려지며 큰 반향을 일으켰다.

이렇게 향상교회가 교회와 사회에서 모범적인 이미지를 구축하게 된 배경에는 정주채 목사가 모 교회였던 잠실중앙교회 담임목사로 시무하던 당시 발휘한 겸손과 인내의 리더십이 크게 작용했다. 그 당시 잠실중앙교회는 교회가 두 파로 나뉘져 3년간 분쟁에 휘말리며 전임목사가 사임하고, 부목사였던 정 목사가 담임이 된 상황이었다. 교인들은 두 파로 나눠져 싸우고 있었고, 목사의 권위는 땅에 떨어져 교회가 찢어지기 일보직전이었다.

이런 상황에서 정 목사가 붙잡은 것은 로마서 12장 1, 2절의 '산제물이 되라'는 말씀이었다. 교회 분쟁의 사이에서 산 제물이 되기로 결단한 이후, 기적처럼 분쟁의 주동자였던 분이 사과를 하고 교회를 떠나자 교회의 영이 회복됐던 것이다. 그후 새로운 교회분위기 속에서 정 목사는 새가족 성경공부를 통해 교회 리더들을 말씀과 기도 앞에 나오게 했고, 이어 16기로 CAL세미나에 참석하며 제자훈련을 목회본질로 삼고, 리더들을 중심으로 훈련하며 교회 토양을 바꿔 나갔다.

옥한흠 목사와는 일본 변재창 선교사후원회를 통해 인연이 있었던 정 목사는 목회학 박사학위 논문도 소그룹으로 쓸 정도라, CAL세미나를 통해 소그룹에 관심을 갖고 리더들을 소그룹 안에서 제자훈련하며 그들에게 생명의 풍성함을 얻어 새로운 변화를 맛보게 했다. 그 변화는 1989년 잠실중앙교회 전 리더들이 모인 가운데 교회발전계획을 논의하던 끝에, 교인수 증가로 인한 여러 문제 해결하기 위해서는 교회증축이나 이전보다 교회를 분립 개척하는 게 여러 면에서 좋다는 결정까지 하게 만들었다.

특히 요한복음 10장 10절의 "내가 온 것은 양으로 생명을 얻게 하고, 더 풍성히 얻게 하려는 것이라"는 말씀은 정 목사에게 목회의 목적을 분명하게 했다. 더욱더 말씀과 기도로 평신도를 세워야 한다는 제자훈련 철학을 붙들게 한 것이다. 그는 당회 조직체제의 개선 없이는 건강한 교회가 자리 잡지 못한다고 판단하고, 장로그룹 제자훈련에 심혈을 기울였고, 지금도 당회가 말씀과 기도로 겸손이 설 것을 주문하고 있다.

또한 제자훈련으로 성장한 교회가 교인수가 많아지면, 담임목사가 평신도들의 생생한 삶의 자리를 체험하지 못한다고 판단해, 지금의 향상교회에서 교인수 2,000명이 넘으면 또다시 분립 개척을 하기로 최근 제직회의에서 결정을 했다.

정 목사는 "교회가 대형화되기보다는 분립 개척을 통해서라도 중소형 교회가 많아져야 한국 교회가 건강해 진다"며 "제자훈련은 향상교회 교인들이 그런 결정을 하게 만든 밑바탕이 됐으며, 향상교회 부지이전 과정에서 생긴 부동산 차액(2-30억원)을 소외된 이웃에게 환원하자는 결의를 하게 된 것 역시 전 교인(90% 이상) 찬성해 하나님의 것을 하나님께 드리는 로드십(Lordship)을 따르게 된 것"이라고 밝혔다.

이같이 제자훈련을 통해 하나님의 로드십을 철저히 따르고 있는 향상교회의 모습은 성과주의와 성장주의에 함몰된 한국 교회에 던지는 메시지가 자못 크다. 또한 향상교회를 통해 제3, 제4의 분립 개척하게 될 중소형 교회의 모습도 기대하게 만든다.

대담인터뷰
"제자훈련을 통해서 건강한 중소형 교회가 많아져야 합니다"
- 옥한흠 목사 & 정주채 목사 특별대담

날짜 : 2007년 2월 13일
장소 : 향상교회 담임목사실
진행 : 옥한흠 목사(국제제자훈련원 원장)
정리 : 우은진 편집장(월간 디사이플)

약 력

    정주채 목사는 1948년 경남 하동에서 출생했으며, 고려신학대학 및 동 대학원(M.Div.), 총회신학대학원(Th.M. 교회사 전공)을 졸업했다. 미국 풀러신학대학원 목회학 박사, 바른교회아카데미 이사장, 사단법인 열방네트웍(선교회) 이사장으로 섬기고 있으며, 건전한 중소형 교회를 지향한다는 목표를 갖고 잠실중앙교회에서 '출석교인 1,500명을 넘으면 교회를 분립한다'는 약속을 실천에 옮겨 2000년 용인에 향상교회를 분립, 개척한 목회자로 유명하다.

제자훈련 전 목회자 자신의 준비과정이 선행돼야한다

옥한흠 목사 오늘 이렇게 향상교회에 직접 와서 정주채 목사님을 만나 제자훈련에 관한 이야기를 할 수 있게 됨을 감사드리며, <디사이플>

독자들에게도 향상교회와 정 목사님의 제자훈련의 큰 은혜가 잘 전달될 것으로 기대됩니다. 정 목사님께서는 잠실중앙교회에서 처음 3년 동안 심한 갈등과 내분을 겪으면서 암흑과 같은 생활을 했다고 들었습니다. 이런 시험은 목회자에게 있어서 가장 힘든 일입니다. 제자훈련이 어떤 점에서 이런 교회 문제들을 해결하는데 도움이 됐는지 당시의 이야기를 듣고 싶습니다.

정주채 목사 사실 교회 내 갈등과 내분이 있었던 3년 동안은 제자훈련을 할 생각도 못했습니다. 그 당시 교회는 3년간 싸우는 와중에 전임 담임목사가 사면하고, 저는 부목사에서 담임목사 되어 1년차가 됐던 시절이었습니다. 지금 생각하면 당시는 제 자신이 먼저 성령님께 혹독하게 제자훈련을 받은 기간이었던 것 같습니다. 저는 모태신앙인으로 습관화된 신앙생활, 지적인 신앙을 소유했던 사람이었습니다. 그 신앙이 교회의 분쟁을 겪으면서 산산히 깨어졌고, 다시 하나님을 간절히 찾고 만나게 했으며, "믿음, 중생, 교회, 목회 등" 모든 것을 새롭게 생각을 하도록 만들었습니다. "도대체 중생이 무엇이고, 교회는 무엇인가?" 하는 기본적인 의문이 그때 다 일어났고, 하나님께서 제 온 몸으로 체득하게 만드셨습니다. 이렇게 제가 기존에 가지고 있던 사고들이 다 무너졌을 때, 3년 동안 신학교에서 배운 것보다 더 많은 것을 당시 교회 상황을 통해서 배우게 됐습니다. 그 때는 하도 갈급해서 교회나 목회라는 말이 붙어 있는 책들은 다 사서 읽곤 했습니다. 그 후 제자훈련이 시작되어 교회가 정상화된 것은 조금 뒤의 일입니다.

지금 생각하면 모두 하나님의 은혜입니다. 그 당시 새벽기도회에 나와서도 기도 한마디를 못했습니다. 교인들은 제가 2~3시간 앉아있으니 기도를 많이 한줄 알았는데, 사실 저는 한마디도 기도하지 못하고 그냥 앉아만 있었습니다. 그러다가 로마서 12장 1~2절 말씀이 생각났습니다. 거기서 '하나님께서 기뻐하시는 거룩한 산 제물로 드리라'는 주님의 음성을 듣게 됐습니다. 당시 잠실중앙교회 제직회는 모이면 싸우기 때문에 30분 만에 끝나고, 다시 양쪽 파트로 모이곤 했습니다. 저는 이쪽저쪽으로 불려 다니며, '지금이 어느 때인데 사랑 설교를 하느냐. 그런 사람을 어떻게 안내위원으로 세우느냐?' 등 추궁을 당해야 했었습니다. 그런데 로마서 12장 말씀이 생각나면서 '정말 말 그대로 헌신해보자'라는 결심을 하게 됐습니다. '잠실중앙교회가 수습만 된다면, 내가 산 제물이 되자'라는 생각으로, 그때부터 어느 쪽 사람들의 말도 듣지 않고 하나님의 뜻이라고 판단되는 쪽으로만 행동하겠다고 결심했습니다.

그렇게 생각하자 찬양이 나왔고, 마음속에 자유함을 누리며 벌떡 일어나게 됐습니다. 막상 결단하고 일어선 순간부터 문제가 풀리기 시작했습니다. 분열의 한쪽 주동자이자 제게 폭언을 일삼았던 한 집사가 제게 와서 사과하며, 교회를 떠나겠다고 말한 것입니다. 만류했지만, 그는 6개월 후 끝내 교회를 떠나고 말았습니다. 그 후 교회는 긴장감이 확 풀리면서 교회의 분위기가 살아나기 시작했습니다. 갈등의 한 축이 무너지니, 교회는 급속도로 수습되기 시작했습니다. 그래서 기본으로 돌아가 다시 시작해보자라는 생각으로 제자훈련을 통해 지식이나 습관이 아닌, 진정한 하나님과의 만남, 성도 서로간의 만남을 갖게 되면서 서서히 교회가 정돈된 것입니다.

옥한흠 목사 정 목사님 말씀에는 중요한 포인트가 있습니다. 저는 교회의 실질적인 갈등구조를 해결하는데 제자훈련이 어떤 기능을 했는지 알고 싶었는데, 목사님의 말씀을 듣고 보니 제자훈련이 제대로 능력을 발휘하려면 목회자 자신이 어떤 형식으로든지, 그것이 영적인 부분이든 먼저 목회자의 준비 과정이 선행되어야 한다는 사실을 말씀하시는 것 같습니다.

정주채 목사 맞습니다. 그때 교회 분열과정을 통해 제가 깨지지 않았더라면, 믿음으로 새롭게 되지 않았으면, 제자훈련도 건성으로 시작했을 가능성이 컸을 것입니다. 제자훈련을 통해 평신도를 잘 훈련시켜 교회 성장을 위해 그들을 써먹어야지 하고 생각했을 것입니다. 그러나 그것은 진정한 제자훈련이 아닌, 성과주의에 지나지 않습니다.

제자훈련 전 양육 통해 리더들을 소그룹 안으로 모이게 하다

옥한흠 목사 만약 교회갈등의 해결을 목적으로 제자훈련을 끌어들였다면, 결과가 악화됐을지도 모르겠습니다. 정 목사님 자신이 새벽기도에서 말 한 마디 못했다고 하셨는데, 그게 진짜 기도가 아닌가 생각됩니다. 정말 깊은 기도는 말 한마디도 못하게 되는 경우가 있습니다. 하나님은 우리의 중심을 읽으시지 않습니까? 정 목사님을 제자훈련 시키기 위한 하나님의 훈련과정이었다고 생각합니다. 교회 갈등구조의 해결이나 교회성장이라는 현실적인 목적을 위해 제자훈련을 시작하기 보다는 양떼들을 돌봐야겠다는 마음에서 나온 갈망으로 제자훈련을 찾게 된 과정이 정말 감동적입니다. 이것은 대단한 메시지입니다. 보통은 교회성장이나 다른 교회가 잘되니까 제자훈련을 해보는 사람들이 많고, 목회자 자신이 십자가에 못 박히는 과정 없이 시작하는 경우가 많은데, 정 목사님은 이런 과정을 거치면서 자연스럽게 제자훈련을 찾으신 것입니다. 그렇게 마음에 결심하고 제자훈련을 하려 할 때, 처음에 서로 갈등이 심했던 사람들을 소그룹에 끌어 앉히기가 쉽지 않았을 것 같은데, 어떻게 제자훈련에 참여할 수 있도록 설득을 시켰습니까?

정주채 목사 우선은 제자훈련에 곧바로 들어가지 않고, '새가족 성경공부'부터 시작했습니다. 즉 제자훈련 초급반을 운영한 것인데, 담임목사인 제가 인도해서 12주 과정으로 새로 온 새가족을 대상으로 인도했습니다. 그러다가 나중에는 교회 지도자급까지 끌어들였습니다. 그들에게 '여러분이 나중에 새가족들을 양육하고 인도하기 위해서, 또는 교사나 직분을 맡기 위해서는 먼저 훈련받아야 하지 않겠느냐'고 설득한 것입니다. 해보니 그들 역시 기본이 필요한 사람들이었습니다. 예수님의 구원과 구속에 대해 나눠보니 의외로 막연하게 알고 있었고, 구원의 확신이 없는 사람들도 많았습니다. 1992년 16기로 CAL세미나를 받고, 소그룹교회에 대한 논문도 쓰면서 본격적으로 2기 새가족 성경공부를 수료한 장로, 안수집사, 권사 등 지도자 그룹을 대상으로 제자훈련을 시작했습니다. 이때는 새로운 프로그램을 시도해서 리더그룹에 있는 사람들이 감당하지 못하면 도입하지 않겠다, 그러니 먼저 리더그룹부터 해보자라고 설득을 했습니다. 이들은 이미 초급반 과정에서 말씀에 대한 맛을 한번 봤기 때문에 제자훈련에 쉽게 들어왔던 것입니다.

옥한흠 목사 지금은 제자훈련 전 단계로 보편화된 게 양육훈련이지만, 그때 만해도 제자훈련 전에 양육훈련을 하는 교회가 많지 않던 시절이었습니다. 정 목사님께서 지혜롭게 기초 양육훈련 과정을 통해 약도 못 먹는 사람에게 쓴 약을 먹이는 부작용을 방지하고, 새가족 성경공부로 기초를 다진 후, 제자훈련을 잘 진행하신 것 같습니다. 또한 교회 리더들에게 제자훈련을 꼭 해야 한다고 강요하기 보다는 '당신들이 해보고 좋으면 계속하자'고 공을 던져놓은 것은 특별히 갈등이 많았던 교회에서는 지혜로운 방법이었다고 생각됩니다. 혹시 제자훈련이 진행되면서 그동안 교인들 간에 묶은 교회 갈등의 뿌리가 솔직히 드러나 회개와 용서가 실제로 이뤄진 예는 없었습니까?

정주채 목사 다들 상처가 워낙 깊다보니 그것을 직접 언급하는 것 자체를 회피했습니다. 그러나 시간이 조금 지나다보니 이성적인 해결과 용서보다는 감성적 해결로 자연스럽게 문제가 풀어졌습니다. '우리가 아무것도 아닌 것 가지고 싸웠구나' 하는 회개가 암묵적으로 교회 전체에 전해졌습니다. 진짜 폭력으로 부딪쳤던 사람들은 교회를 거의 떠난 후였기에, 획기적인 일은 없었습니다. 당시 군중심리로 어울렸던 사람들도 엄청난 잘못으로 지은 죄가 아니었기에 감정적으로 다 풀어지게 됐던 것입니다. 어린아이 하나도 억지로 머리 숙여 인사를 시킬 수 없는데, 하물며 다 큰 어른들이야 어떻겠습니까? 사랑과 화해의 분위기가 교회 전체를 감돌게 된 것은 모두 하나님의 은혜라고밖에는 설명할 방법이 없습니다.

옥한흠 목사 제자훈련을 하면서 과거의 아픔을 의도적으로 드러내어 치유하려 하지 않았고, 말씀을 나누면서 자연스럽게 양파로 나눠져 싸우던 사람들이 치유되고 가까워지면서 교회가 건강한 체질로 바뀐 과정이 참으로 이상적으로 느껴집니다. 오히려 제자훈련 한다고 형식적으로 회개하자고 분위기를 잡는 것보다는 '은혜의 흐름'을 따르는 것이 교회의 어려움을 치유하는 지혜였다고 생각합니다. 그렇다면, 제자훈련을 시작하고 얼마 동안의 기간이 지나서 교회의 소그룹 분위기가 하나가 됐는지 궁금합니다.

정주채 목사 제자훈련을 시작하고 3, 4개월이 지난 후, 소그룹 분위기가 하나로 모아졌습니다. 당시 4명의 장로님과 집사님 몇 명을 제자반으로 구성해 훈련을 받게 했습니다. 우리가 서로 형제자매, 그리스도 안에서 하나 된 것을 체험할 수 있는 것은 소그룹밖에 없다고 생각했습니다. 그것을 제자훈련 초기에 평신도 리더들에게 가장 많이 강조했습니다. 그런데 제자훈련 코스에 오면 '간증'을 해야 하는데, 딱딱하고 뭔가 특별한 것을 보여줘야 한다는 부담감을 느끼는 것 같아 아예 제자훈련

OT때, 형식에 구애를 받지 않고 자유스럽게 라이프스토리(lifestory)를 쓰도록 과제물을 내주고, 함께 나누고 싶은 것을 나누게 했습니다. 첫 모임부터 매주 한명씩 지나온 생애를 이야기하며 눈물을 흘리는 경우가 많았는데, 지나온 생애가 힘들지 않았던 사람이 없다보니 같은 자리에서 눈물을 흘렸다는 것 자체가 이들을 하나로 모으는데 결정적인 역할을 했습니다.

옥한흠 목사 분쟁이 있던 교회 훈련생들이 간증의 형식에 어려움을 느끼자 라이프스토리 형식으로 자유함을 느끼도록 유도하신 일은 잘 하신 일입니다. 제자훈련은 원칙을 지키되, 방법에 있어서는 그 교회 상황에 맞게 인도자가 잘 적용하면 된다고 생각합니다. 그런데 과거 잠실중앙교회가 위치했던 지역이 저소득층이 밀집한 지역이 아니었습니까?

정주채 목사 사실 잠실중앙교회가 위치한 지역은 처음에는 가난한 사람들이 주류를 이뤘는데, 새로 중산층이 이 지역 아파트단지에 들어오면서 교회분열의 문제가 시작됐습니다. 담임목사가 전에는 가난한 사람들을 위주로 심방과 위로를 전해줬는데, 중산층이 교회로 유입되면서 '의사와 교수만 좋아하고 우리는 안 좋아 한다'고 기존 교인들의 불만이 증폭됐던 것입니다. 그래서 교회가 양쪽으로 나눠 갈등과 내분이 촉발된 것입니다. 그러다가 폭력적이었던 분쟁의 주동자가 교회를 떠나는 과정에서 동조했던 사람들도 떠나게 됐습니다.

교인 갈등, 생명을 풍성하게 하는 제자훈련으로 치유하다

옥한흠 목사 잠실중앙교회의 경우, 제자훈련을 시작하면서 양극단의 생활수준으로 인한 교인들 간의 갈등 그리고 서로 상처와 시샘이 있었을 것 같은데, 잘 보여지지 않는 이 부분을 목사님께서는 제자훈련하면서는 어떻게 해결하셨는지 궁금합니다.

정주채 목사 사실 그렇게 잘 해결되지는 못했습니다. 처음에는 훈련생들의 집을 돌아가면서 제자훈련을 인도했는데, 생활수준의 차이가 너무 나자 나중에는 중단했습니다. 아파트 13평에 사는 사람과 65평에 사는 사람들 간의 현실적인 생활 수준차가 드러나니, 공개 안할 때는 떳떳했던 사람들이 오히려 집을 돌며 훈련하니 서로 다른 집과 비교하면서 움츠러들기에 급기야 교회당에서 훈련하게 됐습니다. 그랬더니 역시 또 문제가 발생했습니다. 마음이 아프더라도 가정을 돌며 훈련하고 나눴어야 했는데, 교회에서 훈련하니 뭔가 모르게 서로 보이지 않는 커튼을 치는 부분이 생겼습니다.

옥한흠 목사 저는 의도적으로 작고 큰 아파트든, 지하 단칸방이든 가정을 돌면서 제자훈련을 했습니다. 가진 것을 가지고 사람을 평가하는 것은 치졸한 사람임을 항상 강조했습니다. 하나님의 교회에서는 가난한 사람에게서 부자가 배우고, 가난한 사람은 부자를 축복하며 상처받지 말아야 합니다. 하나님이 높이 평가하는 사람 중에는 세상에서는 가난하고 약한 사람들이 많습니다. 그러나 이것은 말이 쉽지 은혜가 아니면 극복하기 힘든 문제입니다. 그러나 교회에서 제자훈련을 하면, 생활 수준 괴리는 훈련을 마쳐도 극복하지 못하게 됩니다. 그래서 가정에서 제자훈련 하는 것이 중요합니다. 그것 때문에 교회가 분쟁이 일어난 일은 없었습니다. 그렇다면, 정 목사님은 분쟁이 일어난 교회에서도 제자훈련을 해야 한다고 생각합니까?

정주채 목사 저는 목회의 목표가 무엇인지, 목회학 책을 읽으면서도 몰랐습니다. 그런데 요한복음 10장 10절 말씀을 읽으면서 이렇게 쉬운 해답이 있었는데, 그동안 수십 번을 읽으면서도 왜 못 깨달았을까 싶었습니다. 예수님께서 오신 것은 우리로 생명을 얻게 하고 더 풍성히 얻게 하려는 것이라는 말씀이 그것입니다. 내가 교인들에게 생명을 주지는 못하지만, 말씀과 기도와 훈련을 통해 그들의 삶이 생명을 얻어 더 풍성하게 되도록 도움을 줄 수 있지 않겠느냐는 것입니다. 제자훈련 목회도 목표를 분명히 해야 합니다. 영적 생명을 더 풍성히 하는 것은 제자훈련을 통해서 밖에 할 수 없습니다. 성도를 일으켜 세우고, 근본적인 치유가 일어나는 것은 말씀과 기도를 통해서 밖에 안 됩니다. 여기에는 분쟁이 있었던 교회라도 예외일 수 없습니다.

옥한흠 목사 한국 교회는 드러나지 않아서 그렇지 교회 안으로 들어가면, 살벌한 교회가 하나둘이 아닙니다. 할 수 있으면 쉬쉬하고, 너도 좋고 나도 좋다는 식으로 문제를 덮고 끌고 가는 교회가 많습니다. 정 목사님은 경험자로서 잠실중앙교회와 비슷한 내면의 갈등과 고질적인 아픔을 가진 교회의 목회자들에게 제자훈련과 관계되어 꼭 하고 싶은 말씀이 있으시다면 한마디 부탁드립니다.

정주채 목사 기존 당회구조가 수 십 년 간 잡혀있는 교회에서 장로님들을 붙들고, 진실하게 기도하고, 말씀을 나눌 수 있을까요? 이 일은 불가능한 것은 아니지만, 목회자에게 있어서는 굉장한 짐이자 숙제입니다. 저는 다행히 제가 담임목사로 취임했을 때는, 문제가 됐던 장로 4명을 노회에서 사임시킨 뒤였습니다. 그래서 무엇이든지 새롭게 시작할 수 있는 기반이 조성돼 있었습니다. 당회는 교회 대표자가 모인 교회중의 교회입니다. 그러므로 교회의 모습이 나타나야 합니다. 인사와 행정 당회가 아닌, 말씀과 기도를 제자반에서 뿐만 아니라 당회에서도 시도했습니다. 안건이 별로 없을 땐, 당회에서 기도회만 했습니다. 당회원들이 서로를 위해 기도하는 것이 절대적으로 필요합니다. 그래서 당회에서도 짝기도를 하곤 했습니다. 말씀과 기도로 하나님 앞에서 진정으로 만날 수 없으면, 치유와 변화는 일어나지 않습니다. 그것을 목표로 삼고 제자훈련 해야 합니다. 지금의 향상교회 당회도 교회가 커지면서 행정적 논의를 많이 하게 됐으나, 서로를 위해 기도하고 말씀을 나누지 않으면 안 된다고 늘 강조하고 있습니다.

목회자의 변화가 교인들에게 보여야한다

옥한흠 목사 목회자가 어떤 자세로 임하느냐가 중요합니다. 당회와 제직회가 행정과 치리기관으로 필요하다고 하더라도, 그것보다 앞서는 것은 '영성'입니다. 말씀과 기도로 세워지지 않고, 교회를 위해 썩은 밀알이 되지 못하면 세상 모임과 비슷하게 됩니다. 그런 점을 강하게 강조해야 합니다. 교회를 영적으로 살려주려면, 그렇게 할 수 있도록 제자훈련을 통해 목회자가 끌어주어야 합니다. 갈등을 지닌 교회에서 영적 부흥을 일으키기는 새로 부임한 목회자에게는 쉬우나 기존 목회자가 그 일을 하기는 정말 어려운 일입니다. 교인들이 보기에 목회자 자신에게 코페르니쿠스적인 변화가 없는 한, 교인들에게 영적 도전을 주기가 힘든 것입니다. 목회자가 변해야, 그리고 그 변화가 교인들에게 보여야 교인들은 움직인다는 사실을 명심해야 합니다.

정주채 목사 맞습니다. 목회자 자신에게 획기적인 터닝포인트가 있다거나 - 예를 들면 안식년 같은 - 영적 변화가 없는 한 목회자의 설득이나 주장은 별 감동을 주지 못할 것입니다. 그래서 저도 제자훈련을 본격적으로 시작하기 전에 여러 목회자들을 만나 상담을 했습니다. '기성교회를 변화시킬 수 있을까? 이런 사람들을 과연 제자훈련 소그룹 안에 앉힐 수 있을까?'하고 고민했습니다. 그리고 교회를 개척하려고 했습니다. 개척 교회를 시작하면, 아예 처음부터 제자훈련 목회를 펼치기가 수월했기 때문입니다. 그러나 '기존 교회를 변화시켜보라'는 주변의 권유와, 이제 겨우 수습된 교회를 떠났을 때의 문제를 우려하는 분들의 반대로 개척을 하지는 못했습니다. 그나마 저는 기존 교회 장로들로 짜여진 당회가 아니었기에 제자훈련이 가능했습니다. 그래서 지금도 저는 기성 당회조직으로 짜여진 오랜 전통을 지닌 교회에서 제자훈련을 시도하시는 목회자들을 존경합니다.

옥한흠 목사 정 목사님은 기성 교회든 개척 교회든 제자훈련을 시작하려고 준비하는 목회자는 고난이 필수적인 과정이라고 보시는지 궁금합니다.

정주채 목사 제 경우는 그랬습니다. 목회자가 먼저 내면적 영안에 눈이 떠지고, 제자훈련이 목회자 스스로에게 먼저 이뤄지지 않으면 안 된다고 봅니다. 목회자가 먼저 예수님의 제자가 되어야 평신도들을 제자의 삶으로 인도할 수 있다고 생각합니다. 저처럼 모태신앙인으로 형식적인 신자였던 사람이 새롭게 변화되기 위해서는 고난의 과정을 통해 제자로서 삶으로 훈련받는 과정이 절대적으로 필요하다고 생각됩니다.

교회분립 통한 건강한 중소형 교회가 많이 나와야한다

옥한흠 목사 목사님은 예배 출석 성도 수가 1,500명을 넘으면 전략적으로 교회를 분립하는 원칙을 실천에 옮겼습니다. 몇 개 대형 교회가 부흥하는 것보다 한국 교회의 허리에 해당하는 중소형 교회가 건강해 져야 한다는 것이 목사님의 소신입니다. 큰 교회를 만들고 싶다는 유혹과 물량주의를 물리치고, 그렇게 적정선에서 교회를 분립해서 번식시키는 비전을 갖게 된 동기와 비전이 궁금합니다.

정주채 목사 그것은 어떤 신령한 생각 때문이 아니고, 실제로 교회의 상황 때문에 자연스럽게 이뤄진 일입니다. 1988년에 안식년을 가진 후, "2천년대를 향한 잠실중앙교회 비전"을 만들어보자는 차원에서 교역자와 장로들과 함께 기도원에 갔습니다. 그곳에서 교회 상황과 역사를 나누고, 조별토론과 종합토론 등을 통해 앞으로의 계획을 정리했습니다. 그리고 이어 교회 내 중직자들 - 각 기관의 대표들, 부장들, 청년 회장들까지 모두 기도원에 가서 조별로 나누어 교인수 목표와 목회자의 필요수, 인재양성, 주일학교 운영방안, 선교와 복지 등을 구체적으로 논의하였습니다. 그랬더니 교회를 옮겨 짓든가, 새로 지어야한다는 결론에 도달했습니다. 그런데, 당시 교회를 옮기는 비용이 약 60억원 이상 필요했고, 다시 그 자리에서 지으려면 지역주민들의 반대에 부딪쳐야 했습니다.

그래서 잠실중앙교회당의 최대 수용인원이 어느 정도인가 파악했더니, 4부 예배까지 드릴 경우 1,500명이라는 수치가 나왔습니다. 그래서 새로 짓기보다는 분립하는 게 비용이 훨씬 저렴하다는 결론이 교인들에게 공감을 일으켰습니다. 본 교회에서 재정과 교인 1/3을 주면, 분열이 아닌 좋은 나눔과 분립이 되지 않겠냐는 것이었습니다. 당시 제가 표어처럼 말한 게 "건강한 중소형 교회가 많아져야 한다"는 것이었습니다. 저 스스로 생각할 때도 제 자신의 역량이 대형 교회 용량은 아니라고 판단했기에 교인수 1,500명이 넘는 교회의 분립은 자연스러운 결과였다고 생각합니다.

옥한흠 목사 정 목사님의 목회철학이 교인들에게 공감을 불러일으킨 것이라고 봅니다. 교회를 1,500명으로 딱 잘라 분립하는 것은 상당한 모험이었을 것입니다. 교인들이 분립 교회로 안가겠다고 할 수도 있는 문제이고, 한쪽 교회로 몰려갈 수도 있었는데, 정 목사님께서 결단을 내리고 향상교회를 분립 개척해 담임목사로 온 것은 대단한 일입니다. 그런데 향상교회에서도 또다시 교회를 분립 개척하려 한다고 들었습니다.

정주채 목사 처음 교회 분립 개척을 했을 때는 뭘 몰랐기에 오히려 쉽게 가능했습니다. 그러나 이제는 한번 분립을 해본 경험이 있기에 그것이 얼마나 어려운 일인가를 잘 알고 있어서 사실 걱정도 많이 됩니다. 다른 사람들은 교회 분립을 좋은 시선으로만 봐라보는데, 저 자신은 얼마나 제대로 잘 할 수 있을지 걱정입니다. 현재 향상교회는 정관에다 교인 수 2,000명이 넘으면 분립 개척을 준비한다고 명시해 놓고 있습니다. 그러나 이 일이 실제로 잘 진행되려면, 하나님께서 은혜를 주셔야 가능한 일입니다.

대형 교회의 역기능과 순기능은 동시에 존재한다

옥한흠 목사 목사님께서는 평소 대형 교회 몇 개가 아닌, 한국 교회의 허리에 해당하는 중소형 교회가 많아져야한다고 강조하셨습니다. 그런 의미에서 교회 분립 전략은 한국 대형 교회에 대한 무언의 강력한 메시지를 담고 있다고 생각합니다. 대형 교회마다 제자훈련을 통해서 이런 건강한 비전을 갖는 것이 한국 교회를 살리는 지름길이라고 생각하십니까?

정주채 목사 저는 대형 교회가 분명 필요하다고 봅니다. 한국 교회에 영적 활력을 불러 일으켜주고, 목회자들을 훈련시키고, 다양한 프로그램을 개발하는 등 대형 교회가 현재 잘 감당하고 있는 역할들이 있습니다. 저 역시 이동원 목사님의 중보기도학교 훈련이나 목사님의 CAL세미나 등 큰 목회자님들이 이미 오랜 시간 교회현장을 통해 일가를 이룬 훈련들을 다 받았습니다. 그러나 자연스럽게 대형 교회가 되면 모르겠으나, 대형 교회가 우리의 지향 목표가 되어서는 안 된다고 생각합니다. 가능하면 건강한 중소형 교회가 많아졌으면 합니다. 그래야 한국 교회가 건강해질 수 있습니다.

옥한흠 목사 저 역시 대형 교회 목회자로서 순기능보다 역기능이 많았다고 생각합니다. 전반적으로 대형 교회가 한국 교회를 질적 저하시키는 보이지 않는 역할을 많이 했다고 봅니다. 성장주의와 성과주의를 과시하고, 통계수치 하나에도 솔직하지 않았으며, 교회 건물을 크게 짓는 물량주의 사고들이 대형 교회가 생기면서 비롯된 오염들이라고 생각합니다. 사랑의교회 역시 이 부분에서 자유롭지 못하다고 생각합니다. 정 목사님은 대형 교회의 순기능도 인정했으나, 할 수 있으면 적정선에서 교회를 분립하는 게 한국 교회 장래와 횡적 번식에 바람직하다는 소신을 갖고 계십니다. 그런 목회자가 생각보다 한국 교회 내에 많은 게 다행입니다. 그러나 대형 교회의 쓸데없는 망상이 참신한 목회자와 신학생까지 오염시킨 영향이 없지 않다고 봅니다. 그런 점에서 정 목사님의 교회 분립 소신을 직접 실천한 것은 한국의 대형 교회에 큰 메시지를 전해 주고 있다고 봅니다.

정주채 목사 제가 잠실중앙교회에서 향상교회를 분립하기 전에도 좋은 목회자들이 이미 앞서서 분립, 개척하는 일을 해 오신 것으로 알고 있습니다. 예장 통합교단의 복된교회를 비롯해 몇몇 교회가 교회를 분립하며, 건강한 중소형 교회를 세우는데 기여하고 있습니다. 그런데 유독 제가 주목을 받아, 부끄러울 따름입니다. 제자훈련 사역의 정신이 분명하고 그 정신을 실천하다보면, 자연히 교회 분립을 생각하게 된다고 봅니다.

교회가 커져도 목회자는 훈련의 현장에 참여해야 한다

옥한흠 목사 아마도 교회를 분립해도 은혜롭게 분립된 교회모델이 드물었기 때문에 정 목사님의 교회분립이 한국 교회에서 주목을 받지 않았나 싶습니다. 그것도 제자훈련 하는 교회에서 모범을 보이셨으니, 더욱 눈길을 모으는 것 같습니다. 제자훈련으로 교회가 커지면, 제자훈련의 정신을 유지하기 힘들다고들 하는데, 이에 대해서는 어떻게 생각하십니까?

정주채 목사 사랑의교회는 처음부터 제자훈련으로 성장한 특별한 경우로서 역기능보다는 순기능이 더 컸고, 대형 교회이지만 제자훈련의 정신도 그대로 잘 유지하고 있다고 생각합니다. 솔직히 요즘 저는 제자훈련을 하는 것은 저 자신을 위해서 하고 있습니다. 교회사역이 커지고, 교회 크기가 커지면서 점점 담임목사는 교인들의 현장에서 멀어지게 됩니다. 그래서 꾸미지 않는 교인들을 만나기가 어렵습니다. 그러나 제자훈련의 현장에 들어가면, 못난 모습, 솔직한 모습, 생짜배기 모습을 보고 도전받고, 은혜를 받습니다. 최근 아버지학교에 갔었는데, 저를 비롯한 못난 아버지들의 모습을 보면서 '우리 현장이 이렇구나' 하는 것을 많이 느꼈습니다. 교회가 대형화되더라도 성과주의에 빠지지 않고 생명을 얻어 풍성하게 되려면, 담임목사가 제자훈련에 계속 참여해서 평신도들의 생생한 삶의 현장을 만나야 한다고 생각합니다.

옥한흠 목사 제자훈련 현장과 관련해 굉장히 중요한 말씀을 하셨습니다. 목회자가 평신도들의 자리로 내려가려면 항상 사역의 적정선을 유지해야지, 그 이상이 되면 제자훈련 하는 목회자의 정신이 유지되기가 어렵습니다. 제 경우 교인이 만 명이 넘으니, 제가 제자훈련을 직접 하지 못하게 됐습니다. 그래서 부교역자들을 철저히 훈련시켜 제 손발이 되도록 하고, 제자훈련의 틀을 잡아 주어 인도하도록 했습니다. 지금은 교인이 5만 명이 넘어섰습니다. 그러면 담임목사가 평신도의 삶의 자리로 성육신할 만큼 현장체험의 기회가 어려워집니다. 그럼에도 불구하고, 제자훈련 목회자라면 교회 크기가 커지더라도 항상 제자훈련의 현장에 귀 기울이고, 그 정신을 잃어버리지 않도록 부교역자 훈련이나 순장시스템을 통해서라도 부단한 자기 노력을 기해야 한다고 생각합니다.

정주채 목사 솔직히 평소에 목회자가 만나는 사람들은 약간의 외식과 장식을 하고 있는 사람들이 대부분입니다. 즉 좋은 사람, 거룩한 사람들입니다. 그래서 그들의 밑바닥을 못 보게 됩니다. 그러나 제자훈련에 들어가면, 바닥을 보게 되고, 이들에게 어떤 설교가 필요하고, 목회자의 존재가 역시 필요하구나 하는 것을 느끼게 됩니다. 즉, 눈높이를 낮출 수 있게 됩니다. 목회자가 교인들의 삶의 밑바닥에서 떠나면, 고급 메시지만 전하게 되어 복음의 생생함이 약해져 버립니다. 그런 의미에서 담임목사가 제자훈련 현장을 떠나면, 그럴 가능성이 많다는 것을 항상 주의를 기울여야 할 것입니다.

옥한흠 목사 대형 교회에서도 제자훈련을 시도하려는 목회자들이 있습니다. 그러나 담임목사는 제자훈련에 참여하지 않고 부교역자들에게 전부 맡겨버리니, 그 제자훈련이 제대로 될지 의문입니다. 제자훈련이

든든하게 서려면, 아무리 대형 교회라 하더라도 담임목사가 직접 제자훈련을 통해 자신의 제자들을 만들어내야 합니다. 그런 이후 부교역자에게 사역을 위임해도 늦지 않습니다. 제자훈련이 교회 내에서 든든하게 서려면, 대형 교회 지향주의는 지양되어야 합니다. 그런 점에서 정 목사님은 제자훈련을 통해 교회를 건강하게 세우고, 교회 분립을 통해 대형 교회를 지양해 중소형 교회를 만든 좋은 샘플을 한국 교회에 제시했다고 생각합니다. 그런데 정 목사님은 제자훈련과 연결시켜 성과주의에 대한 우려도 많이 하셨는데, 이에 대해서 한마디 부탁드립니다.

정주채 목사 제자훈련의 목표를 단기간의 교회 성장에 두면 실패한다고 생각합니다. 성과보다는 사랑의 관계, 인격적 교제가 중요합니다. 평신도 한 영혼이 목회자와 하나님과 좋은 관계를 맺고, 생명을 더 풍성하게 체험하게 하는 것이 중요합니다. 교회 성장 자체가 목표가 되면 안 된다고 생각합니다. 그런데 많은 목회자들이 그런 부분에만 관심을 갖습니다. 그래서 저는 많은 목회자들이 제자훈련에 열심히 임하면서도 참된 제자훈련이 안 되고, 실패하는 이유가 바로 단기간의 성장과 성과주의에 매달리기 때문이 아닌가 생각합니다.

옥한흠 목사 사실 제자훈련 목회를 해도 열매가 없는 목회자들이 많습니다. 9년 전에도 교인 수가 50명이었는데, 9년 후에도 50명이면 좌절감이 클 수밖에 없습니다. 이런 목회자들에게 정 목사님은 어떤 이야기를 들려주고 싶습니까?

정주채 목사 저는 조언을 청하는 후배들에게 항상 하는 이야기가 있습니다. 당신이 진짜 한 영혼 붙들고, 새롭게 목회를 해보라고 말입니다. 강단위에서 설교에만 매달리지 말고, 평상시 한 영혼 한 영혼을 사랑으로 만나고 교제해서 평신도들의 가슴에 진실한 말씀을 불러일으켜주라고 말입니다. 그러면 정말로 그 사람에게 성령님께서 변화를 일으켜 주십니다. 50명의 교인이 100명이 되기도 하고, 50명이 500명 안 부러운 알짜배기 신앙인이 되기도 합니다. 문제는 목회자가 어떤 자세로 한 영혼을 붙들고, 씨름하느냐가 관건이라고 생각합니다.

옥한흠 목사 저 역시 동감입니다. 즉, 탈성과주의를 해야 진짜 목회가 열린다는 말입니다. 한 영혼을 위해 목회자가 자기를 던질 때 목회가 됩니다. 그리고 성과주의를 벗어나야 목회가 됩니다. CAL세미나를 받고 80%의 목회자들이 제자훈련을 시작하는데, 그중 3년이 안되어 70% 이상이 손을 들고 맙니다. 4, 5년간 남아 어느 정도 훈련을 유지하며, 인내하는 비율은 20%가 안 됩니다. 이는 목회자들이 조급하다는 것을 드러냅니다. 조금 해보다가 안 되면 진이 빠져 다른 프로그램을 찾아 세미나 헌팅에 나섭니다. 그러면 교인들에게 목회자의 신뢰성이 떨어지고, 목회는 더 어려워집니다. 한국 교회가 참 힘든 부분이 바로 이런 부분입니다. 목회본질에 헌신하고 충실하기 보다는 '이거 하다 안 되면 다른 거 할 수 있다'는 인식을 갖게끔 목회상품들이 많아졌고, 목회를 모르고 목회하는 사람들이 많아졌다는 점입니다. 제자훈련 정신 하나만 제대로 터득하면 되는데, 그게 말처럼 쉽지가 않습니다. 그런 점에서 정 목사님의 메시지는 많은 사람들에게 도전이 됩니다. 향상교회가 지역 사회를 섬기기 위해서 수십억의 거금을 내놓았다고 들었습니다. 그래서 지역 사회에 큰 감동을 주고 교회의 이미지를 업그레이드 시켰다는 말을 들었는데, 자세한 이야기를 듣고 싶습니다.

지역사회 섬김, 교회이미지를 고가의 품질로 바꾸는 일이다

정주채 목사 지금의 향상교회 부지를 사면서 구 교회 부지를 팔기로 했습니다. 그 부지의 값이 많이 올랐기 때문에 우리는 새 땅을 마련하면서 든 비용을 제하고 나머지는 지역사회 복지를 위해 환원키로 하고, 교회당은 교인들 손으로 짓자고 결정하였습니다. 그러나 2004년부터 이곳이 부동산 투기지역으로 땅이 묶이는 바람에 팔지 못했습니다. 그러다가 겨우 작년에 계약이 이뤄졌습니다. 그런데 이 사실이 뒤늦게 알려지면서 여러 언론 매체들이 집중적으로 보도를 하는 바람에 저가 혼이 났습니다. 아직 실행도 안 된 사실이 소문만 많이 난데다가 사방에서 도와달라고 손을 내미는 바람에 혼이 났지요. 그러나 이제는 매매계약이 이루어졌으니까 본래 결의한 대로 실행하려고 계획을 세우고 있습니다. 교회에서는 에이즈 환자들을 위한 특수 호스피스사역에 관심을 갖고 있습니다. 국내에는 1-2만 명의 에이즈환자가 있다고 하는데, 이들이 이빨하나 빼려고 해도 병원에서 거절해 어려움이 많다고 들었습니다. 그들에게 조금이나마 도움이 됐으면 하는 바람입니다. 오른손이 하는 일을 왼손이 모르게 해야 하는데, 너무 많이 알려져서 마음이 불편합니다. (그러나 그후 계약이 파기되었고 정부가 그 부지를 포함하고 있는 지역을 투기지역으로 묶는 바람에 그 부지는 팔리지 않아 사회환원이 이루어지지 않았습니다. 저자 주)

옥한흠 목사 교회 부지를 팔아 남는 돈을 사회기여 펀드로 내놓는 것은 대단한 메시지를 지닙니다. 이는 향상교회의 이미지를 고가의 품질로 바꿀 수 있는 것으로, 그 돈으로 전도를 해서 얻는 이미지보다 더 큰 교회성장과 부흥의 영향을 줄 것으로 기대됩니다. 이런 결론을 얻기까지 전체 교인들의 공감을 얻어야 했을 텐데, 제자훈련을 통해 목사님과 은혜를 같이 나누고, 새로운 영적 변화가 일어난 사람들이 이번 결정에 영향을 미쳐 이뤄진 일인지 궁금합니다.

정주채 목사 객관적으로 들어난 증거는 없지만, 저의 목회비전에 공감하고, 제자훈련을 통해 목회자와 좋은 인간관계를 맺은 평신도들이 동역자가 되어 준 것은 분명한 사실입니다. 요즘 교인들은 자신이 성숙하든, 성숙하지 않든 건강한 교회에 대한 열망과 비전이 매우 강합니다. 우리 당회는 땅값이 올라 돈이 남는다고 그것으로 교회당을 건축해서 되겠느냐고 설득했습니다. 곧 사회의 부동산투기 열풍에 교회가 동조해서야 되겠냐며 그 돈을 사회 환원하고, 옮기는 교회건물은 우리 손으로 짓자고 말했습니다. 그런데 그 제안에 대해 교인들은 거의 열광적으로 받아들였습니다. 공동의회에서 90%가 찬성해 오히려 목회자들이 평신도를 뒤따르고 있다는 느낌을 가졌습니다.

현재 향상교회 제자훈련은 제가 맡고 있고, 사역훈련은 좀 더 실제적인 사역의 필요를 느껴 형식을 조금 바꿔서 선교학교, 다락방 리더학교, 중보기도학교 세 개의 형식으로 전환해 운영하고 있습니다. 또 전임 부교역자 3명은 양육훈련 프로그램을 맡고 있는데, 그 사역도 만만치 않을 정도로 많아 아직까지 제자훈련을 나누지 못하고 있는 실정입니다.

부교역자를 준비시켜 제자훈련을 팀사역으로 하라

옥한흠 목사 "교인들이 열광적으로 받아들였다"는 말은 거의 충격적입니다. 향상교회가 분립할 만큼 양적으로 교인수가 늘어나는데 부교역자에게 제자훈련 사역을 맡기지 않고, 정 목사님 혼자 하는 것은 나중에 사역에 손을 들게 만들어버립니다. 부교역자와 팀사역을 해야 합니다. 저의 경우 일주일에 제자반 3, 4개는 병나기 직전까지 인도했으나, 교인이 만 명 이상 되니 제자훈련은 부교역자에게 맡겨버렸습니다. 그래도 1주일에 순장반 인도, 부교역자 훈련, 사역반 3, 4개 반 인도, 설교 준비 등으로 정신이 하나도 없었습니다. 그런데 병이 나서보니 좀 더 과감하게 사역을 일찍 공동으로 나눴어야 했다는 '내 자신이 내려놓지 못한 아집이 있었구나'를 느끼게 됐습니다. 결국, 사역훈련까지 부교역자에게 다 맡기고, 순장반과 부교역자훈련에만 전념했습니다. 처음에는 휘청거리는 듯하더니, 아예 다 손을 떼고 지켜보니 부교역자들이 더 잘 준비하고 진지하게 사역하는 것을 목격했습니다.

그래서 CAL세미나를 듣고 제자훈련에 성공하는 목회자들의 비율보다 사랑의교회 부교역자로서 저와 목회철학을 공유한 목회자들이 제자훈련에 성공한 비율이 더 높다는 말까지 나옵니다. 그러니 정 목사님도 부교역자들에게 투자를 해야 합니다. 제가 좋아하는 빌 하이벨스 목사님은 '실제로 교회가 양질의 사역을 제대로 하려면, 인건비에 60%는 써야한다'고 말합니다. 그러나 한국 교회 교인들은 선교비로 얼마나 썼느냐를 잣대로 삼고, 교회의 건강성을 압박을 합니다. 사랑의교회는 300명에 가까운 교역자와 직원이 있고, 이들의 인건비에 투자합니다. 양질의 사역자가 준비되지 않으면, 교회가 제 기능을 발휘하지 못한다는 사실을 명심해야 합니다.

정주채 목사 좋은 지적이십니다. 저 역시 많은 부교역자들을 보충하고, 유학도 보내주고 싶습니다. 다른 교회보다 향상교회가 교회성장이 빠르다보니, 그때그때 교역자 투입이 잘 안됐습니다. 여전도사까지 포함해 파트타임 교역자가 18명인데, 전임 부교역자 3명이 양육훈련 과정에 투입되어 있고, 각자에게 주어진 사역도 만만찮아서 제자훈련 사역을 위임하지 못했습니다. 제가 올 3월 안식년을 갖다온 후, 연말에 부교역자 지원문제와 그들을 제자훈련에 투입하는 문제를 논의하겠습니다.

옥한흠 목사 담임목사가 부교역자를 직접 훈련시키는 게 중요합니다. CAL세미나에도 보내고, 목회비전도 나눠야 제자훈련 동역시스템이 만들어 집니다. 교회가 작을 때는 담임목사의 손이 교회 구석구석까지 미칠 수 있으나, 교회 사이즈가 커지면 그 사이즈에 맞는 역할을 부교역자와 함께 나누어야 합니다. 안 그러면 사람과 일에 쫓기게 되어 나무 꼭대기 위에 올라앉아 있는 원숭이와 같은 꼴이 됩니다. 그런 면에서 교회가 커질수록 사역을 준비된 부교역자에게 위임하고, 함께 동역하는 것은 중요한 일입니다.

정주채 목사 오늘 옥한흠 목사님께서 직접 향상교회를 방문해주시고, 여러 가지 좋은 인사이트를 저에게 주셔서 감사드립니다. 저는 1992년 CAL세미나에서 옥 목사님의 강의를 듣는 동안 내내 울었습니다. 너무 공감한 내용이 많아 이 CAL세미나는 단순한 제자훈련 세미나가 아니라, 교회갱신운동이자 목회자개혁운동이라는 생각이 들었습니다. 제자훈련을 통해 저희 교회뿐만 아니라, 많은 한국 교회와 목회자들이 건강한 목회를 붙들기를 바랍니다.

옥한흠 목사 정주채 목사님은 고신교단의 모델로서 후배들이 주목하고 있으니, 앞으로 계속 전진해주셨으면 합니다. 저는 목회의 실제적인 방법은 다양화될 수 있어도, 한 영혼에게 목회자가 전적으로 투자해서 사람을 키우는 제자훈련의 본질은 변화돼서는 안 된다고 생각합니다. 즉, 목회의 다양한 방법이 목회의 본질이 되면 안 된다고 생각합니다. 목회 본질이 다양해지면, 별의별 교회들이 다 나오게 됩니다. 앞으로 정 목사님께서 제자훈련을 봉한 좋은 메시지를 계속적으로 한국 교회에 전해주셨으면 합니다. 오늘 귀한 시간 내주시고, 좋은 말씀 나눠 주심을 감사드립니다.